江戸の仕掛人
蔦屋重三郎

城島明彦

ウェッジ

江戸の仕掛人

子《ね》 まじめなる口上

まずもって、わたくし、おのおの様が本書を手に取ってくださった儀、ありがたく幸せに存じ上げ奉り、心より厚く御礼申し上げます。

さて、これから皆々様にお披露目いたしまするは、江戸中期を疾風怒濤の勢いで天馬のように駆け抜けた痛快無比な〝稀代の快男児〟の物語であります。

男の名は蔦屋《つたや》重三郎《じゅうざぶろう》。人呼んで〝蔦重《つたじゅう》〟、本屋の重三郎、縮めて〝本重《ほんじゅう》〟と呼ぶ人もおりましたが、元禄文化の中心地となった上方《かみがた》風にいえば「ツタやん」でございますが、蔦重はその時代には生きておりません。井原西鶴や近松門左衛門らが活躍した元禄時代は１６８８年から１７０４年までありますが、蔦重がこの世に生を受けたのは１７５０（寛延３）年正月７日。元禄より半世紀も後なのでございます。

親が名づけた本名は「柯理」でありまして、「かり」と読むのかと思いきや、長ずるに及んで用いた狂名は「蔦唐丸《つたのからまる》」ですから、「からまる」と読んで、ちょいと洒落るなんぞは朝飯前。それが「江戸っ子のきっぷのよさ」と申しましょうか、当時の人たちから見れば、「粋」で「いなせ」で「通」で、たまらない魅力だったのでございます。

しかし、天は二物を与えませんで、蔦重の生涯は48年という短いものでありました。元号で申せば、寛延、宝暦、明和、安永、天明、寛政、享和、文化、文政、天保と移り変わった10もの時代を早足に生き急いだのでございますが、その足跡たるや、驚き、桃ノ木、山椒の木どころではありません。

これぞまさしく縦横無尽の大活躍と申すべきで、今では電通もしっぽを巻く〝江戸文化の仕掛人〟との評価が定まっているのでございます。

そんな蔦重、東映映画で片岡千恵蔵や小林旭が七変化を演じた名探偵多羅尾伴内《たらおばんない》のセリフ風にいえば、「あるときはトレンド・クリエーター、あるときは敏腕プロデューサー、あるときは逸材発掘人兼スポンサー、またあるときは歩く広告塔、あるときはコラボの達人、またあるときは出版界の革命児、そしてまたあるときはヒットメーカー、しかしてその実態は、誠意と革命の人、蔦屋重三郎」でございまして、もっと具体的に申しますと、多羅尾伴内も顔負けの、次のような〝7つの顔〟があったのでございます。

①時代を読み、「戯作・浮世絵ブーム」を創出した **〝トレンド・クリエーター〟**
②着想力抜群で、写楽に大首絵《おおくびえ》を画かせた企画者にして **〝敏腕プロデューサー〟**
③大衆の心を鷲づかんだ曲亭馬琴《きょくていばきん》・歌麿《うたまろ》・写楽らの **〝逸材発掘人&スポンサー〟**
④商魂逞しく、自身も宣伝材料にした **〝歩く広告塔〟**
⑤人脈づくりの天才で、「狂歌師+浮世絵師」を仕掛けた **〝コラボの達人〟**
⑥奇想天外なアイデアで人々を熱狂させた **〝出版界の革命児〟**
⑦新ジャンル「黄表紙《きびょうし》」で旋風を巻き起こした **〝ヒットメーカー〟**

お客様のなかには「蔦重って、現代人が知っている有名人でいうと誰?」と思われた方もおいででしょうから、申し上げます。大きくいえば、「菊池寛と小林一三《いちぞう》を足して2で割った男」。それが蔦重であります。

菊池寛は、売れっ子作家だけで終わらず、文藝春秋を創設し、友人でもある芥川龍之介や直木三十五を顕彰するために「芥川賞」や「直木賞」を設けて新人を育成したほか、芝居の台本も書き、映画会社「大映」(のち角川グループが買収)の社長にも就任して映画制作も行っており、いってみれば〝メディアミックスの元祖〟たる傑物であります。

対する小林一三は、阪急東宝グループの創業者で、阪急電鉄を創設した実業家ですが、それだけで満足しない人で、鉄道の沿線に住宅地を開拓し、宝塚歌劇団や阪急百貨店をつくるなどして集客力を高め、東宝を創設して映画・演劇という娯楽部門にも進出、多角経営を展開することでブランド力を高めるという今日では当たり前のようになっている〝相乗効果重視《シナジー・エフェクト》の多角経営の先駆者〟でありました。もう一つ付け加えるならば、テニスプレーヤーから人気スポーツキャスターに転じた松岡修造の曽祖父でございます。

そんな偉人2人を足して2で割ったような痛快な男。それが蔦重なのです。生きた時代こそ違え、2人と同じ時代に生きていたらきっとそうなったに違いありません。かつては、「おいら、生まれも育ちも江戸っ子だい」と胸を張る御仁が数多《あまた》いましたが、蔦重のような〝生粋の吉原っ子〟は、そうはおりません。なんせ、蔦重は幕府公認の江戸随一の色町《いろまち》「新吉原《しんよしわら》」で産湯を使い、「蔦屋《つたや》」を名乗る引手茶屋《ひきてちゃや》を営む親戚筋も多かったことから、廓《くるわ》は我が家の庭先みたいなもの。幼児の頃から、あっちの花魁《おいらん》、こっちの花魁に遊んでもらっているうちにすっかり顔なじみとなり、22歳で本屋を開いた場所も新吉原大門《おおもん》口《ぐち》なら、最初に扱った本も「吉原細見《さいけん》」という吉原のガイドブックでありました。

一言で表現するなら〝吉原の申し子〟ですから、顔なじみの遊女や禿《かむろ》たちからは「カラちゃん」「カラマル兄さん」と気軽に声をかけられ、遊郭の主人たちからは「蔦さん」

「蔦重さん」と親しげに呼ばれておりました。そうした特別な人脈があったればこそ、蔦重は誰にも真似のできない〝江戸の仕掛人〟として八面六臂《はちめんろっぴ》の大活躍をすることができたのであります。

では一体、彼はどんな仕掛けをしたのでしょうか。

もったいぶった言い方をお許し願うならば、それを解き明かすのが本書であります。

というわけで、おのおの様には、これから始まる蔦重の波瀾万丈のお話を綴った〝令和版戯作〟とでも申すべき本書を、なにとぞ隅から隅までズズイーッと御贔屓くだされたく、ひとえに願い奉ります。

なお、本書では歌麿の最高傑作『青楼十二時《せいろうじゅうにとき》』に倣《なら》って、章に十二時（子丑寅卯辰巳午未申酉戌亥）を用いましたことを最後にお伝えして、蔦屋ならぬ拙《つたな》いご挨拶に代えさせていただきます。

令和六つ戌の好日

篦《べら》棒之介《ぼうのすけ》こと城島明彦

目次

蔦屋重三郎

江戸の仕掛人

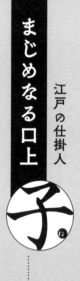

未

申《さる》

遊郭案内仕掛人

丑《うし》

『吉原細見《よしわらさいけん》』と蔦重

人と人の出会いが歴史をつくり、物語を生んだ。吉原のガイドブックを売る一書店主から身を起こして〝江戸の仕掛人〟となった蔦重の山東京伝、曲亭馬琴との出会いがそうなら、歌麿、北斎との出会いもまたそうだった。互いに刺激し合って名作を残したのだ。

北斎の蔦重への哀悼のカタチ

話はいきなり飛ぶが、蔦重の死から5年、元号が変わって2年目の1802（享和2）年正月、『画本東都遊《えほんあづまあそび》』と題する江戸名所絵本が発刊された。その本のなかに、店員が5人の客に応対している光景を画《か》いたものがあった。彼らの頭上には、文様と屋号を白抜

『画本東都遊』に描かれた蔦屋の版元印（国立国会図書館）

きにした横長の暖簾がかかっている。屋号は「耕書堂《こうしょどう》」、文様は「富士山形に蔦の葉」をあしらっている。

この絵の作者は、「浅草庵《あさくさあん》」という画号の聞きなれない浮世絵師だった。誰あろう、葛飾北斎の別号である。ご承知の読者も多いと思うが、北斎は画号を乱発し、金に困るとそれを売ってまた新しい画号を付け、90年の生涯に三十数度も画号を変えており、この絵では浅草庵市人《いちんど》を名乗っている。北斎の奇行癖は、これにとどまらず、引っ越し歴も百回近くに達している。「どこか常軌を逸している」との自覚が自身にもあったようで、〝画狂人〟とか〝画狂老人卍〟という画号を付けた時期もある。画狂人は42歳から47歳くらいまでの中年の頃、そして〝画狂老人卍〟は70

代半ばの命名である。

そんな北斎が画いた耕書堂の店先には本の山が見え、店の前には「紅絵問屋《べにえどんや》」と書かれた行灯《あんどん》が置いてあり、その背後の板壁には書名を記した木製の看板が何本か掛かっている。左から順に『狂歌千載集《きょうかせんざいしゅう》』『東都名所一覧』『忠臣大星《おおぼし》水滸伝』と読める。

『狂歌千載集』は『万載《まんざい》狂歌集』（1783〈天明3〉年刊）のパロディ、『忠臣大星《おおぼし》水滸伝』は『忠臣水滸伝』（前篇が1799〈寛政11〉年刊、後篇が1801〈享和元〉年刊）のパロディで、どちらも架空の本だが、『東都名所一覧』だけは実在する本（1800〈寛政12〉年刊）で、画いたのは葛飾北斎というから恐れ入る。『万載狂歌集』『忠臣水滸伝』『東都名所一覧』は蔦重の耕書堂発行で、いずれも人気本なのだ。

稀代の「江戸の仕掛人」だった蔦重を、こういう仕掛けで哀悼するのが〝画狂人〟葛飾北斎流なのである。

江戸中期の文芸界のスターたち

江戸時代が始まったのは、関ヶ原の戦いから3年後、徳川家康が江戸に幕府を開いた1603年である。それから264年後の1867年に江戸時代が終わって、日本は急速に近代化し、明治、大正、昭和、平成、令和と元号が5つも変わった。明治は45年、大正は15年、昭和が64年で平成は31年。合わせて155年間である。

そして今、時代は令和へと移り、人は変わっても、江戸時代に活躍した浮世絵師の歌麿、写楽、北斎という名を聞いたことがないという日本人はいないだろう。

では、馬琴や京伝はどうか。曲亭馬琴や山東京伝は、江戸時代の中期・後期に生きた人たちにとっては、子どもでもその名を知っている超有名な戯作者《げさくしゃ》だったが、今では歌麿、写楽、北斎に比べると知名度は低く、馬琴の師匠が山東京伝で、京伝は浮世絵の画工としても一流で多くの挿絵《さしえ》も画いていたといった知識となると、日本史や文学史を勉強していないとわからないのではないか。

ましてや、彼らの才能を発掘したり、後世に残る作品の数々をプロデュースするなど〝江戸の仕掛人〟ともいうべき蔦屋重三郎という存在とその名前は、NHKが2025年の大河ドラマ「べらぼう～蔦重栄華《えいが》乃夢噺《のゆめばなし》～」で主人公として取り上げなければ、〝知る人ぞ知る存在〟のままで終わり、世間一般の人に知られる機会はまずなかっただろう。

さて、そんな蔦重の人生をどこから書き始めるかについては、誕生から年齢を追って書いていくのが無難でわかりやすいが、筆者は、明治時代なら森鷗外と夏目漱石に相当する〝江戸時代の戯作者を代表する2大巨匠〟山東京伝と曲亭馬琴にも多く触れたいと思い、年齢を追って書く方法はできるだけ避けたいと考えた。つまり、馬琴が酒樽を手土産に京伝宅を訪れ、押しかけ門人となって、京伝の手助けをしていると、蔦重が訪ねて来て、「番頭に欠員が生じた」と愚痴るので、京伝が蔦重を番頭に推薦し、住み込むことになる。その近辺から入ることにしたい。

本書で取り上げる人物は、江戸中期に蔦重、山東京伝をはじめ、武士でありながら〝作・画の二刀流の元祖〟として『金々先生栄華夢《きんきんせんせいえいがのゆめ》』で大当たりした恋川春町《こいかわはるまち》、江戸庶民を抱腹絶倒させ、伊勢参りをはじめとする旅ブームを巻き起こした滑稽本『東海道中膝栗毛』で国民的人気を得た一九《いっく》（十返舎一九《じっぺんしゃいっく》）、当時の話し言葉を活写して大受けの『浮世風《ぶ》呂《ろ》』『浮世床《どこ》』の三馬《さんば》（式亭三馬《しきていさんば》）ら多数の作家や交友関係などである。

当時の様子は、馬琴が詳細に記録した『近世物之本《もののほん》江戸作者部類』や『伊波伝毛乃《いわでもの》記《き》』、山東京伝の弟で戯作者でもあった山東京山《きょうざん》が書き残した『蛙鳴秘鈔《あめいひしょう》』（付『蜘蛛《くも》の糸巻《いとまき》』）などを読めば、大体のことは把握できる。

京山は京伝の弟だから他人にはわからないことまでよく知っているのは間違いないが、記憶違いも多く散見され、すべてを鵜呑みにはできないところもあるので注意が必要だ。

24歳の馬琴が入門したときの京伝の年齢が30歳で、そのとき弟京山は22歳だったが、京伝は56歳で鬼籍に入るのに対し、京山は90歳、馬琴も82歳という当時としては驚異的な高齢まで生きるので、そのことが記憶を不確かにしている原因かもしれない。

読者が京山と京伝を混同してうっかり読み違えることがないように、本書では以後、会話以外では「弟京山」と書くことにしたい。

弟京山は、幼少期から天才肌の兄京伝を敬慕し、「おかしきことを書くゆえに戯作者というなり」との名言を吐き、成人すると兄と同じ戯作者となって多くの本を執筆した。

蔦重の出版物で付記しておくと、中央大学文学部教授の鈴木俊幸『蔦屋重三郎出板書目年表稿』（上・下）は蔦重が出版した本のすべてを年代別に網羅しており、蔦重研究者には必携の重要資料である。筆者も大いに活用させていただき、下巻に載るはずの歌麿の『青楼《せいろう》十二時《じゅうにとき》』（寛政5～7年）がなぜか脱落していることにも気づいたが、それ以外は完璧といってよく、ネットでも公開されているので関心のある方はどうぞ。

京伝に弟子入り志願した馬琴

馬琴が京伝の自宅を訪ねて「弟子にしてほしい」と請うたときの経緯から始めよう。

馬琴はなぜ山東京伝の門を叩いたのか。その理由は単純である。京伝が30歳という若さで当代一の人気作家にして人気画工という〝数少ない二刀流〟だったからで、憧れたのだ。ただし、馬琴は文章には自信があったが、絵の才能はないことは自覚していた。

京伝は、いきなり訪ねて来た弟子入り志願の初対面の馬琴に、こう返答した。

「貴君のように、入門したいと訪ねてくる志願者はたくさんいるが、私は誰にも師弟関係を約束したことはない。なぜかといえば、戯作というものは、師があぁだこうだと教えるものでもなく、弟子になって学ぶべき道でもないと思うからだ」

すると馬琴は、不満げにこう提案したそうである。

「そういうことであれば、私を弟子と思っていただかなくて構いませんが、こちらとしては勝手に師と思って尊敬させていただきますので、それだけはご承知おきください」

憎いことをいうと弟京山が半ば感心していると、馬琴はすかさず二の矢を放った。

「それはそれとして、せめて筆名だけでも頂戴できませんでしょうか」

馬琴がしきりに乞うので、京伝も折れて、

「そうさな、貴殿は深川に住んでいるということなので、大栄山人《だいえいさんじん》と名乗り給え」

「大栄山人ですか」

「さよう。深川の富岡八幡宮別当の山号を大栄というだろう。大いに栄えるという意味も悪くはなかろう。縁起のいい筆名だ」

別当というのは、神社の事務を執っている寺院のことである。馬琴はとても喜んだ。

「名前負けしないように、頑張ります」

そういった途端、食欲増進、京伝と世間話に興じながら、振舞われた食事を次々と平らげ、大食漢の本領を発揮して京伝の奥さんを驚かせたのだった。この奥さん、詳しくは後述するが、吉原の遊女あがりだったから、客あしらいには長けていた。

だが、世の中、何が幸いするかわからない。

馬琴が日暮れまでいてようやく帰っていくと、飾らない姿が一家に気に入られた。

京伝は、家人にこういった。

「あの男は、少しく才気がある。また来るだろうから、そのときは私が留守だなどと嘘をいわずに、二階へ通してやりなさい」

その頃、京伝を訪ねてくる客は多く、執筆に差しさわりが出るとの理由で居留守を使うことが多く、二階へ通す者は稀だったと弟京山が書いているところを見ると、馬琴は初対面からずいぶん気に入られたのである。1790（寛政2）年のことだった。

当時21歳（1769〈明和6〉年生まれ）だった弟京山は、兄京伝には及ばないものの、かなり文才があったが、兄から「物書きだけでは食っていけないから、手に職をつけろ」といわれ、「篆刻《てんこく》」を業としながら文学修行を積み、39歳になった1807（文化4）年に『復讐《かたきうち》妹背山《いもせやま》物語』で戯作者としてデビューした。

同書は、文化年間（1804～1818年）以後に流行した草双紙の新種で、黄表紙数冊を合わせて綴じたところから「合巻《ごうかん》」と呼ばれ、表紙に美麗な錦絵を用いるなどしたが、内容的には寛政の改革の締めつけによって、黄表紙の特徴だった滑稽、洒落、風刺が失われ、それに代わって教訓性の強いものや仇討ち、怪談などへと内容が一変し、その傾向は幕末から明治初めまで続いた。

そういう時代の影響を受けた弟京山は、婦女子を対象とした長編の教訓書を得意として、「合巻」のジャンルで最多・最長記録保持者となる。馬琴が初めて京伝宅を訪問した頃は弟京山も兄の家に同居していたから、馬琴のことに詳しく、「馬琴と京伝は、初対面なのに旧知の間柄のようだった。それは、2人の好き嫌いが一致していたからだ」と、のちに『山東京伝一代記』に記している。同書を作者不明とする研究者もいるようだが、冒頭の次の文（傍点は筆者）を読めば弟京山が作者だとわかる。

「文化十四（1817）年丁丑《ひのとうし》の春、京山、浅草の地中に京伝の机塚《つくえづか》を立《たて》たり。落成の日、旧友を塚辺《つかのあたり》の茶店に会して、勧盃《かんぱい》の義あり。皆亡兄の遺財を以てすと云ふ」

同書は天保以降の作であり、後世の人が加筆した可能性のある個所がないとはいえないが、作者は弟京山とすべきだろう。

また、弟京山が書いた馬琴評『蛙鳴秘鈔《あめいひしょう》』では、次のように懐旧している。

「馬琴、この日を始めとして、三日四日を隔てて訪ねて来る事しばしばにて、二、三夜逗留せし事も月毎にありて、したしく交《まじわ》り、たそがれには書室の灯火を点じ、夜中には机下《きか》に茶を烹《に》るなど、京伝に仕ふる事従者のごとくなり。さるゆゑ《え》に京伝も馬琴を愛して、物を教へたる事もありけり。かくありし事、凡《およそ》一年あまりなり」

馬琴という筆名を使うようになるのは翌春頃からで、「こういうのは、どうでしょう」と京伝に提案し、相談して決めたのだという。

京伝は売れっ子作家なので、蔦重をはじめとする版元の連中がひっきりなしに訪ねてきて、自然と馬琴とも顔なじみになり、いろいろと話をするようになった。

このとき馬琴は25歳、京伝が31歳。そして蔦重は42歳だった。

洪水で家を流され、京伝宅に住み込む馬琴

天変地異が25歳の馬琴青年の人生を変えた。1791（寛政3）年9月3日から4日にかけて関東一帯を大嵐が襲い、洪水が発生して馬琴の借家も甚大な被害を受け、住めなくなったのである。

馬琴がそう報告するのを聞いて、心根がやさしい京伝は同情し、「ならば、ここに住んだらいい」と勧めたことで、居候が決まった。馬琴が「京伝の家に寓居す」と、のちに『吾仏記《あがほとけのき》　滝沢馬琴家記』（家譜改正篇　五）に書いているのは、このときのことだ。

京伝は新婚だったので、馬琴がためらっていると、「お菊」と呼ばれている色白の若妻がこういったという。

「当分の間、ここに居なさいな。そうすれば気持ちも落ちつくだろうし、今後のことはそれからゆっくり考えたらいいじゃないさ」

彼女は遊女あがり。所属する遊郭「扇屋」では「菊園《きくその》」と呼ばれていた。遊女としての地位は、最高位の「花魁《おいらん》」ではなく「新造《しんぞう》」で、しかもあまり美しくはなかったが、性格が素直で正直だったところに京伝は惚れ込んで通い詰めていたようだ。京伝は、通《つう》も通、

江戸っ子を代表するかのような〝筋金入りの通人〟で、若い時分から週のうち4、5日は吉原で過ごしていた。そのことは、誰よりも身近に京伝の言行に接してきた弟京山がのちに書き残した『山東京伝一代記』からわかる。

安永・天明の頃（1772〜1789年）には、吉原や芝居町で金に糸目をつけずに豪遊していると自他ともに認める者が何人もいて、世間では「十八大通《だいつう》」と呼んだ。大通とは、〝通人のなかの通人〟という意味合いである。

大通には吉原遊郭の主人とか医者（桂川甫周）らもいるにはいたが、そのほとんどは浅草蔵前で「札差」を営む商人で、京伝はリストアップされていない。遊郭以外の生活では、むしろ質素を心がけていたからだ。というより、京伝は売れっ子の戯作者とはいえ、今日のように原稿料とか印税といった概念のない時代だったから収入はさほど多くはなく、そうせざるを得なかった裏事情もあったのである。札差は、旗本や御家人に現物支給される俸禄米を預かって米商人に取次いで手数料を荒稼ぎしており、稼ぎの点で比較の対象にすらならなかったということだ。

遊女の話が出たついでといってはなんだが、ここで、吉原のその頃の遊女の階級について説明しておこう。一番下が「禿《かむろ》」と呼ばれる世話係の少女で年齢は6歳くらいから12歳くらいまで。禿の次が「新造《しんぞう》」だが、花魁《おいらん》を姉女郎《じょろう》、新造を妹女郎と呼ぶこともある。

新造には3種類あった。若い娘は「振袖《ふりそで》新造」（略称、振新《ふりしん》）で、それより年齢が上になると「留袖《とめそで》新造」（略称、留新《とめしん》）、さらにその上が「番頭《ばんとう》新造」（略称、番新《ばんしん》）で、花魁に代わってあれこれ指図したりできるのは番頭新造である。

菊園は番頭新造だった。初顔の客に指名された場合、どんな相手かを探ろうとしてあらかじめ引手茶屋《ひきてちゃや》へ様子を見に行くのも番頭新造の役目とされており、菊園は人を見る目にも長けていたらしい。

引手茶屋とは、客を妓楼へ送り迎えし、飲食もできる茶屋である。遊女が迎えに来るまで待っていることもあるし、やってきた遊女といっしょに飲食することもできる。

映画などで演じられる「花魁道中」は、引手茶屋にいる遊客から指名がかかると、妓楼にいる花魁が6~8人のお供を連れて迎えに行く。その往復の練り歩きの小さな行列を、東海道中になぞらえて「花魁道中」という粋な呼び名をつけたのである。

〝吉原の華〟花魁道中

花魁道中は、花魁自身の知名度が上がって指名が増えるだけでなく、店の宣伝にもなるので、花魁はド派手な衣装を着、高下駄を履いて、外《そと》八文字と呼ぶ不思議な歩き方でゆっくりと進む演出をしながら、遠回りして見せびらかした。花魁道中という呼称の由来は、東海道は江戸から京都までだが、吉原には江戸町とか京町と名づけた道があり、花魁がそこを通って引手茶屋と妓楼を練り歩いたことによる。

町名について、もう少し詳しくいうと、吉原への出入り口は1つしかない「大門《おおもん》」で、その門をくぐると、まっすぐ一本に伸びる「仲の町《ちょう》」と呼ぶ大通りがあり、その左右に江戸や京都の町名をつけた区画がある。大門を入ってすぐ左手の伏見町《ちょう》に始まり、江戸町《ちょう》一丁目、江戸町《ちょう》二丁目、角町《すみちょう》、揚屋町《あげやまち》、京町《まち》一丁目、京町《まち》二丁目だが、読み方が「ちょう」と「まち」が混在していて、ややこしい。

日本橋の元吉原の頃からある江戸町一丁目・二丁目、京町一丁目・二丁目、角町の5つを「五丁町《ごちょうまち》」と呼んで、浅草の新吉原へ転居後にできた伏見町や揚屋町と区別した。

そういったことも含め、妓楼の名や位置、遊女名、費用などを網羅してあるガイドブックが、〝吉原生まれの吉原育ち〟蔦重の得意とした『吉原細見』なのだ。

細見に掲載されている略図にも描かれているが、吉原は遊女が逃亡できないように周囲を「おはぐろどぶ」と呼ぶ幅5間（約9メートル）もの堀に囲まれている。客は、日本堤《にほんつつみ》から「稲妻のような形状」とでもいおうか「くの字型」にくねった衣紋坂《えもんざか》を登っていかねばならない。右手には立札を設ける「高札場《こうさつば》」、左手には「見返り柳《みかえりやなぎ》」と呼ぶ大きな柳が生えていて、そこから大門まで続く「衣紋坂《えもんざか》」と名づけた坂道が「五十間道《ごじっけんみち》」（長さ約90メートル）で、左右には引手茶屋や小料理屋が立ち並び、蔦重が日本橋に進出する前に本屋の店を開いていたのは、大門そばの蕎麦屋の向かいのその道沿いである。

薄幸だった京伝の最初の妻お菊

京伝の妻になった菊園に話を戻そう。彼女は、江戸で評判の3姉妹の次女だった。姉は歌舞伎作者玉巻恵助《たままきけいすけ》の妻で、妹は歌麿が浮世絵に画いた名妓「扇屋《おうぎや》滝川」（4代目）という有名人3姉妹なのである。菊園が京伝の妻になったのは、1790（寛政2）年の2月のこと。彼女は、その一昨年に年季が明けて自由の身になっていたが、そのまま江戸町一丁目の妓楼「扇屋」に留まっているのを見て、京伝と親しかった扇屋の主人宇右衛門《うえもん》が菊園に言い含めて京伝の元へ走らせたのだという。

遊女の年季は、28歳になると明けるしきたりになっていたことから推測すると、お菊の年齢は30歳前後だったということか。京伝は前述したように30歳だから同い年か。

お菊がいた扇屋は、〝吉原きっての大店《おおだな》〟として江戸市中に名を馳せていたが、京伝の弟京山の随筆『蜘蛛《くも》の糸巻《いとまき》』によれば、宇右衛門の代で店を大きくしたのだという。

「墨河《ぼくが》が親はちいさき娼家なりしに、墨河にいたりて大家になりしとぞ」

扇屋宇右衛門は、「墨河《ぼくが》」という俳号や「棟上高見《むねあげのたかみ》」の狂名を持つ粋人《すいじん》にとどまらず、自楼で抱える名妓の「滝川」や「花扇《はなおうぎ》」（3代目）にも和歌や書道を習わせるなど、教養を身につけさせた。花扇は、のち（寛政時代〈1789～1801年〉）に歌麿が「高名美人六歌撰《かせん》」シリーズの1人として画く才色兼備の遊女となる。

墨河は有名人で、京伝は、1785（天明5）年に蔦重が刊行して空前のヒット作となる黄表紙『江戸《えど》生艶気蒲焼《うまれうわきのかばやき》』のなかで、「木挽丁（木挽町《こびきちょう》の森田座）で高麗屋《こうらいや》（松本幸四郎）が、墨河さんをするそうでございますね」というセリフを女にいわせている。

その宇右衛門は、書道では滝川を加藤千蔭《ちかげ》（千蔭流）に、花扇を沢田東江《とうこう》（東江流）に弟子入りさせている。加藤（本姓橘）は町奉行与力だったが、歌人でもあり、父の友人の賀茂真淵の門人だったし、沢田は儒学者で洒落本の作者でもあったから、書道以外にも学ぶことは多かった。

宇右衛門のそのあたりのことを京伝の弟京山は、『蜘蛛の糸巻』で「妻をいなぎ（稲木）とて、夫婦とも、歌も書も千蔭門人にて、天明中の盛家《せいか》なりき」と書き、滝川や花扇を書道の大家の門人としたのは「墨河が一つのはかりごとなるべし」と評している。

蔦重は、物心がついた頃から、扇屋宇右衛門のそういう戦略を身近なところで見、大人たちの話を聞き知って、自身の生き方にも反映させていたのではないだろうか。

名妓の妹滝川を持ったお菊は、吉原の遊女としての知名度は妹にはとても及ばなかったものの、江戸の売れっ子作家の妻となり、家庭での幸せを摑んだかに見えたが、先走った話をすると、「菊園」ことお菊は3年もたたずに病気になって他界するのである。

京伝はショックだったのだろう、以後、再び独身を貫き、百合という女と再婚するのは40歳になってからである。その相手も遊女あがりで、遊郭「弥八玉屋《やはちたまや》」で「玉の井」と呼ばれていたと『山東京伝一代記』にあるが、彼女の話は追って述べる。

蔦重の宣伝上手はピカイチ

1775（安永4）年は、耕書堂を経営する26歳の蔦重にとっても〝新たなる船出の年〟となった。それまでは鱗形屋《うろこがたや》孫兵衛の系列の一小売店として鱗形屋版『吉原細見』を扱ってきたが、同年3月には『急戯花乃名寄《にわかはなのなよせ》』と題した遊女評判記を発刊、7月には

『吉原細見』を初めて自板《じはん》（自社出版）することに踏み切った。

蔦重の『吉原細見』が類書と大きく違っていた点は広告の多さで、他の版元には驚きだったが、花魁道中《おいらんどうちゅう》や四季折々の祭りをはじめ、宣伝臭がむせ返るほど溢れている吉原という特殊な町で生まれ育った蔦重には、そうすることが当たり前の感覚だった。

蔦重は、その1年前の1774（安永3）年正月に売り出した鱗形屋《うろこがたや》版『細見嗚呼《ああ》御江戸』づくりに「改め」（調査）「卸し」「小売り」という形で加わると、序文の執筆を浄瑠璃作家として「福内鬼外《ふくちきがい》」と名乗る当代一流の有名人に依頼した。平賀源内《ひらがげんない》である。

蔦重と源内には「宣伝上手」という共通項があった。源内といえば、摩擦を利用して静電気を発生させる摩擦起電器「エレキテル」を思い浮かべる人が多いだろうが、土用の丑《うし》を「うなぎの日」と命名した元祖としても知られている。うなぎ屋から「夏場はうなぎの蒲焼きが売れなくて困っている」と相談を持ちかけられた源内が「本日土用丑の日」と書いた紙を店先に張り出したところ、おおにぎわいとなったというものだ。

源内は、高松藩御蔵番《おくらばん》の白石茂《も》左衛門の3男として1728（享保13）年に生まれているので、蔦重より22歳も年長で、さまざまな顔を持つ超有名人だったが、蔦重は何ら臆することなく頼みに行ったのである。すると源内は、ものおじしない蔦重をとても気に入り、以後、目をかけるようになる。

　蔦重には年長の〝斯界の大物〟に気に入られる魅力を身につけていた。それがどういうものかは、石川雅望《まさもち》がいみじくも蔦重の墓碣銘《ぼけつめい》に刻んだ次の一節に集約されている。

「志気英邁《えいまい》にして、細節《さいせつ》を修めず、人に接するに信を以てす」（志は高く、人並はずれた才知があり、信義を大切にして人に接する）

　志は高く、やる気があり、細かいことにはこだわらず、何ごとにも前向きで、信義ということを大切にするという、まさに理想的な人物だったことから、接する相手に信用され、信頼されたのである。

　石川雅望は本名糟谷七兵衛、通称五郎兵衛《ごろべえ》。江戸小伝馬町で旅籠屋を営むかたわら、狂歌では〝宿屋飯盛《やどやのめしもり》〟と号して蔦重と親交を深め、

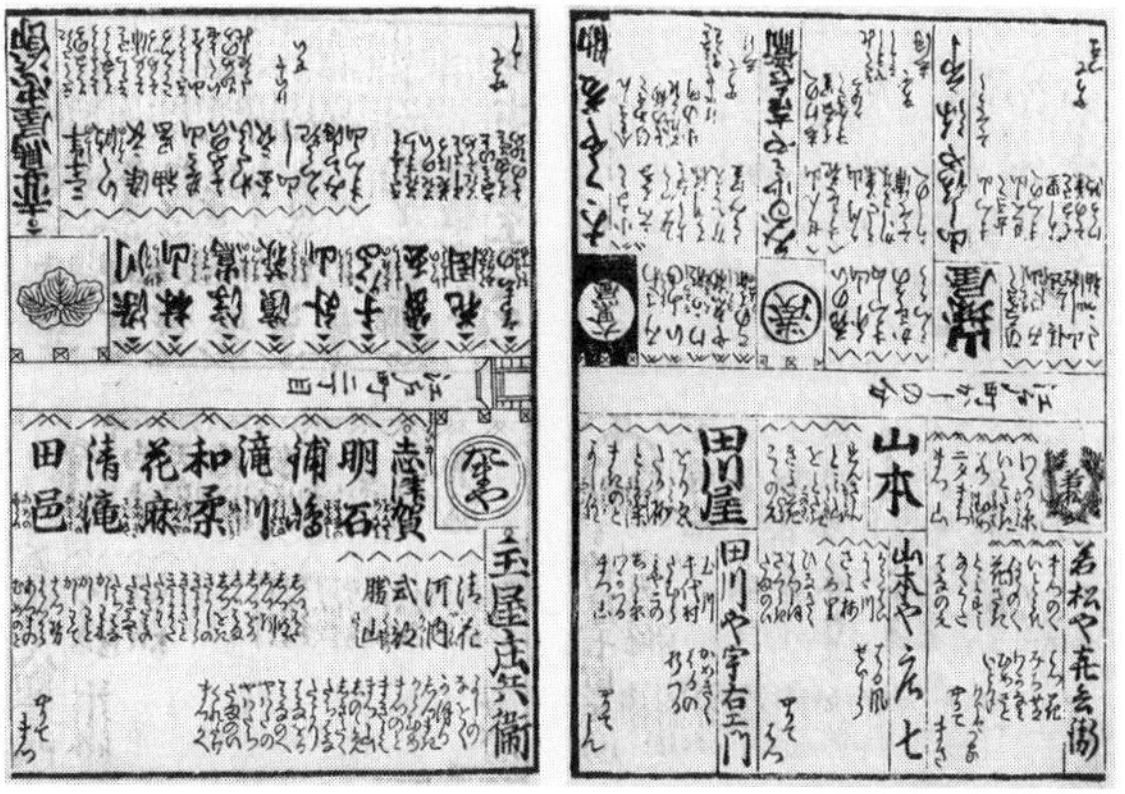

寛政７（1795）年刊行の『吉原細見』（国立国会図書館）

〝蜀山人〟大田南畝らとともに「天明狂歌時代」を築いた功労者の1人で、国学者として用いた号が石川雅望である。

漢学にも造詣の深かった石川雅望がいみじくも述懐したように、平賀源内のような超大物が認めたとなれば、大勢いる門弟たちも「右にならえ」するから、どんどん人脈が増えてゆき、蔦重を飛躍させる大きな要因となった。源内は少年時代からの〝憧れの人〟であり、〝蔦重の大恩人〟なのだ。

大げさな言い方をすれば、「平賀源内との出会いがなければ、〝江戸の仕掛人〟蔦重は存在しなかった」と断言でき、そのことを筆者は「あたぼうだ」（あたりめえだ、べらぼうめ）と思っている。こういうと、「そこまでいうか」と反発反論する読者もおられよう。そんな方は「ウィキペディア」を覗いてご覧になるとよい。「江戸中期の人物」という説明に続いて、「本草学者、地質学者、蘭学者、医者、殖産事業家、戯作者、浄瑠璃作者、俳人、蘭画家、発明家。」と書いてあり、〝日本のレオナルド・ダ・ヴィンチ〟といっても言い過ぎではないくらいの多彩華麗な才能の持ち主だったことがわかるだろう。蔦重が心酔しないわけがなかった。そこで、次は平賀源内の紹介である。

文芸仕掛人

寅《とら》 源内の多芸多才《エレキテル》に痺《しび》れた蔦重

意外に思う人もいるだろうが、蔦重の仕掛や発想の源流をたどると「エレキテル」で有名な多芸多才の平賀源内にたどり着く。源内は蔦重の〝心の師〟だった。源内は田沼意次のお気に入りでもあった。江戸っ子なら誰でも知っていた大田南畝も源内の弟子だ。

源内の履歴書

「始めに言葉ありき」は『新約聖書』の「ヨハネによる福音書」の冒頭の名句だが、蔦重にとっては「始めに源内ありき」で、「源内を語らずして、蔦重は語れない」のである。

破天荒だが底知れない魅力を秘めた源内は、21歳のときに父が死んで家督を継ぎ、25歳

『先哲像伝』に描かれた平賀源内（国立国会図書館）

で長崎に遊学して自由に学問する楽しさを覚え、27歳になると、ついに「もっと学問したいので、蔵番をやめさせてほしい」と藩に申し出た。

手前勝手な言い分を藩がすんなりと受け入れるわけはなく、さんざん揉め、ようやく認められると、源内は妹婿に平賀家の家督を譲った。

自由奔放な生き方に憧れた源内は、マルチな才能のおもむくままに好きなことをしながら執筆に精を出し、36歳になった1763（宝暦13）年霜月（11月）に至って、それまで書きためてきた2冊分の原稿を同時に上梓した。風来山人《ふうらいさんじん》の名で書いた滑稽本『根南志具佐《ねなしぐさ》』と空想科学小説『風流志道軒伝《ふうりゅうしどうけんでん》』である。

半紙本5巻5冊から成る両書は大評判を取った。版元は、どちらも神田白壁町の岡本利兵衛（続編では理兵衛と表記）で、源内がいうには「貸本屋」だ。源内は、その2年前に同町に転居しているので、発刊は〝近所のよしみ〟ということになろうか。

蔦重少年を熱狂させた『風流志道軒伝』

蔦重が「福内鬼外《ふくうちきがい》」こと平賀源内に『吉原細見』の序文を依頼したのは1774（安永3）年。25歳のときだが、蔦重のみならず、江戸の男たちを夢中にさせた『風流志道軒伝』は、「SF」「ファンタジー」「伝奇」を三位一体化した〝日本版ガリバー旅行記〟ともいうべき異国漫遊記で、源内の奇才ぶりを窺い知ることができる戯作の傑作だ。

イギリス人のスウィフトが『ガリバー旅行記』を書いたのは源内が生まれる2年前の1726（享保11）年であり、源内は蘭語や医学や本草学などを学ぶ目的で1752（宝暦2）年25歳のときに長崎へ1年間遊学し、4歳上の阿蘭陀《オランダ》語の大通詞《だいつうじ》（通訳）吉雄耕牛《よしおこうぎゅう》の家に寄宿した。

好奇心が人一倍旺盛な源内のこと、吉雄やオランダ人から『ガリバー旅行記』の話を聞いたかもしれず、原書ないしは蘭語版を入手していた可能性すらなきにしもあらずだ。蔦重は、そういう話も直接、源内から聞いているだろう。

源内の長崎留学で付記しておくと、源内は老中の田沼意次に気に入られて、43歳の1770（明和7）年に2回目の長崎留学を果たし、エレキテルはそのとき入手している。

そんな源内が荒唐無稽な物語の主人公にした「志道軒」とは何者か。

志道軒は実在の人物である。源内が師と仰いだ江戸中期の実在の講釈師深井志道軒のことで、「団十郎（歌舞伎役者の5世市川団十郎）と人気を二分する」とまでいわれた。その志道軒の名を借りた奇想天外な小説が『風流志道軒伝』だった。

黄表紙などでは戯作者自身が作中に登場することは珍しくないが、当初からそうではなく、同書で源内が自身の号「風来山人」で登場し、そういう手法に先鞭をつけたのだ。そういうところにも彼の生き方・考え方が反映されている。既存のものを取り入れつつ、それを超えるものを創造していくというスタイルのフロンティアスピリットに満ちあふれた積極果敢な生き方は、蔦重と似通っているといえるだろう。

蔦重が戯作手法を学んだ『風流志道軒伝』

蔦重は、源内と彼の代表作『風流志道軒伝』などから多くのことを教わった。企画の立て方から物語の作り方、書き方に至る本づくりに必要な基本に始まり、売り方、宣伝の仕方は無論のこと、人としての生き方まで、さまざまなことを学んだ。

ちょっと長くなるが、蔦重が座右の参考書とした『風流志道軒伝』は、こんなストーリーである。

ある日、主人公浅之進《あさのしん》のところへ飛来した燕が卵を産み落としていったら、殻が割れて、なかから小さな小さな可愛い女の子が出てきたというところから話が始まる。

その女の子は、見る見るうちに成長して美女になるのだが、これぞまさに『竹取物語』のかぐや姫のパロディで、『風流志道軒伝』には誰もが知っているような各種の古典がいっぱい出てくるのだ。

浅之進は、彼女に導かれて桃の木の下にある小さな穴に足を踏み入れると、なかは広く、奥へと進むとそこは桃源郷。浅之進は、大勢の美女にかしずかれ、たらふく酒を飲んで、うとうとし、ふと目を覚ますと光景が一変していたので、「夢だったのか」と思ったが、そうではなく、そこにいた風来仙人に招き寄せられて、千人力の「羽扇《うせん》」(鳥の羽毛で作った魔法の団扇《うちわ》)を授けられる。

浅之進は、風来仙人からもらった羽扇に乗って異国漫遊への旅に出るというわけだが、そのあたりは唐代の伝奇小説『遊仙窟《ゆうせんくつ》』のパロディだ。

魔法の羽扇を手に入れた浅之進は、小人の国やら、足の長い長足国やら、その隣国の手の長い人種の「長擘国《ちょうひこく》」やら、胸に穴のある人種の「穿胸国《せんきょうこく》」やら、またの名を「藪医国《やぶいこく》」ともいう「愚医国《ぐいこく》」やらを巡って、最後は念願だった「女護《にょご》が島」へたどり着く。

だが、前々から楽しいと思っていた色事も、それが当たり前になると、味気なく、うるさく感じるようになり、居眠りをしていると、風来仙人がどこからともなく忽然と姿を現し、「この愚か者めが」と杖で浅之進を打ちすえた。ひれ伏し、詫びる浅之進に、仙人は長い説教をするのだが、その説教は源内の持論であると同時に、世間一般の男の読者への説教でもあった。

風来仙人の説教内容

風来仙人は、浅之進に諄々《じゅんじゅん》と説く。

「人の楽しみのなかで色欲を越えるものはないと、常々お前は思ってきたから、遊女ならぬ遊男《ゆうなん》として女護が島へ送り込み、色欲とは味気ないもので、人の命を奪いかねないということを、実際に体験させ、わからせようとしたのだ。人生は夢の如しだが、お前は、まさかと思うだろう。だが、何も考えずに諸国を巡り歩いているうちに、あっというまに70余年の歳月が過ぎていたのだ。そのことを気づかせよう。

そういって、仙人が鏡を取って顔が映るようにすると、浦嶋に住んでいた頃の顔ではなく、それまで若かった浅之進は、たちまち80歳ばかりの老人となり、体は痩せこけるわ、顔は皺だらけで顎が尖るわ、髪だけでなく髭までみんな抜けてしまうわ、どこから見ても頭を丸めた坊さんのような姿になっていた。

そんな姿を目の当たりにして。我が身でありながらも、あきれはて、あたりをきょろきょろ見廻すと、あら不思議、人が往生するときに弥陀三尊《みださんぞん》がお迎えに来るときに流れるという妙なる音楽が虚空から聞こえてきて、まぶしげに輝く光明のなかを紫雲に乗って降りてくるものがあった。と見るや、浅之進の右手に何かがとどまっているではないか。目を凝らしてよく見ると、木で作った松茸の形をした物だった」

（人の楽《たのしみ》は色欲に上なしと、汝常〱《つねづね》思ひし故、女護《にょご》が島へ遣《つかわ》して、遊男《ゆうなん》をこしらへ、色欲のあぢきなく、人の命をそこなふ事、目のあたりに是《これ》をしめす。只《ただ》浮世は夢のごとし。汝若《も》しと思《おもは》んが、うか〱諸国を歩く内、はや七十余年の星霜を経たり。「いざや汝にしめさん」とて、鏡を取って指《さし》むくれば、彼浦嶋《うらしま》が昔にはあらで、今まで若かりし浅之進、八十ばかりの翁と変じ、からだには肉薄く、顔は皺のみにして頷《あご》長く、鬢髭《びんひげ》も皆ぬけて、おのづから法体《ほったい》の姿をあらはしければ、我身ながらもあきれはて、あたりをうろうろ見廻せば、不思議や虚空に音楽聞え、光明赫灼とかゞやき、紫雲に乗て降るものあり。程なく浅之進が右の手にとゞまりたるを能《よ》く見れば、木にて作《つく》（り）たる松茸《まつたけ》の形せし物にてぞ有《あり》ける）

そして源内は、風来仙人の口を借りて、志道軒の志道軒たる特徴である松茸型の木の由緒を説明するのだ。

「其時《そのとき》、仙人ゑ《え》みを含《ふくみ》、汝が其手《そのて》に持《もち》たるこそ、昔景清《かげきよ》（平家の勇将）が難儀《なんぎ》の時、清水《きよみず》の観世音《かんぜおん》、身替《みがわり》に立《たち》給ふがごとく、其方《そのほう》女護が島にて大勢の唐人どもと、一度に死すべき命なりしを、浅草の観音、木の松茸と変ひ、汝が身替《みがわり》に立《たち》給へり。此の御恩を報ぜんため、是よりはやく国に帰り、道に志《こころざす》と云《いふ》文字を取《とり》、志道軒と名を改め、浅草の地内において、をどけ咄《はなし》に人を集め、浮き世の穴をいひ盡《つく》して、随分人を戒《いましむ》べし」

源内は構成力もすぐれており、志道軒が何が嫌いといって女と坊主は大嫌いで、日頃から悪口をいいまくり、女や坊主が見物に来ると追い払っていたので、その点にも源内は触れている。

「汝が咄《はなし》を聞内《きくうち》にも、女あれば人の気浮《きうか》れ、坊主は慢心あるものなれば、坊主と女の毒を云《いひ》て、暫時《ざんじ》の内に追《おひ》まくるべし。イザかく来《きた》れよとて飛去《とびさる》を、藜《あかざ》の杖をとらへえて、仙人に随《すたが》ひ行《ゆく》ぞ見えしが、浅草の地内にて、芦簾《よしず》かこひし床の上に、忙然《ぼうぜん》として坐し居ければ、参の老若立《ろうにゃくたち》つどひ、床几《しょうぎ》に腰を打《うち》かくれば、彼松茸《まつたけ》にて机をたゝき、トン〳〵《トントントン》、トン〳〵〳〵《トントントントン》、とんだ咄の始り〳〵《始り》」

〝源内の愛弟子〟大田南畝

「天竺浪人《てんじくろうにん》」の戯名で1763（宝暦13）年に発表された『根南志具佐』（5巻）も、源内の代表作の1つに位置づけられる。幕府をストレートに批判せず、竜宮城や地獄の閻魔庁に置き換えた点に工夫がみられるが、この手法は、のちに蔦重がプロデュースする京伝、喜三二らの戯作でさかんに使われるようになる。

『根南志具佐』の序文は黒塚處士《くろつかのしょし》（誰なのか不詳）という人物が書いたが、その続編となる『根無草後編』では「寝惚先生陳奮翰《ねぼけせんせいちんぷんかん》」なる戯号の人物が序文を執筆した。寝惚先生陳奮翰とは誰かといえば、その才能を誰よりも早く源内が認め、19歳でデビューさせた愛弟子大田南畝《おおたなんぼ》のことである。

南畝は自分を世に送り出してくれた恩師源内のために、面白い序文を書いた。南畝の

蔦重のよき相談相手でもあった大田南畝（『近世名家肖像図巻』東京国立博物館／ColBase）

奇才ぶりがよく伝わるように意訳風に現代語訳し、原文もつけておこう。

「風来山人には、大きな志がある。大宇宙である須弥《しゅみ》の東方にある日本の富士山に登って、大劇場ともいうべきこの世を観て、舞台を小さいとみなそうとする志だ。風来山人が、数千里先まで見通せるオランダ製の千里鏡《せんりきょう》なるものを用いて、そこから覗き見るのは、冥途の楽屋である。天国を見上げ、地獄を見下ろし、地獄では閻魔大王に抹香《まっこう》を投げつけるのだ。そして一休和尚がやったように、褌《ふんどし》を地蔵の首に巻きつけ、釈迦の十大弟子のなかで〝知恵ナンバーワン〟と自慢している舎利弗《しゃりほつ》をやり込め、同じく〝弁の立つことナンバーワン〟を自負している富楼那《ふるな》も負かしてやるのだ。『仏の顔も三度』（「仏の顔も三度撫ずれば腹立つ」）という諺があるが、その顔を三度撫でてみたら、初めてその肌が黄金であることに気づき、こう歎息したのである。『地獄極楽、金次第』と。

そこから戻ったら本を一冊書いて、（38歳で水死したあわれな女形の歌舞伎役者だった）八重《やえ》桐《ぎり》の魂を慰撫するつもりだ。また、最近、栢車《はくしゃ》（歌舞伎役者1世市川雷蔵《らいぞう》の俳号）・薪水《しんすい》（歌舞伎役者3世坂東彦三郎）の両名が、あの世へ旅立ったと耳にしたので、この続編をつくり、貸本屋に与えた。栢車・薪水の故両名には、誰にも真似のできない心をこめた大きな追善となろう。本書を続編とあなどるなかれ、劇場前に大看板を掲げて京都・大坂・江戸の三大都市で宣伝されるであろう。明和5（1768）年戊子《つちのえね》の秋、寝惚先生陳奮翰《ちんぷんかん》記す」

（風来山人《ふうらいさんじん》、万国の東側《がわ》に登り、娑婆《しゃば》の大劇場《おほしばゐ》を観《み》て、舞台を小なりとするの志あり。是《ここ》に於《お》いて紅毛《オランダ》の千里鏡《とほめがね》を以て、冥途《めいど》の楽屋《がくや》を観る。天堂《ごくらく》に仰ぎ地獄に俯《ふ》し、抹香《まっこう》を閻魔《えんま》に喰《く》はせ、犢鼻《ふんどし》を地蔵に被《かぶ》せ、舎利弗《しゃりほつ》が智嚢《ちえぶくろ》を倒《さかしまに》し、冨樓那《ふるな》の弁舌を振《ふる》ふ。三《み》たび仏の面《かほ》を摩《な》でて、始めて黄金の膚《はだ》なることを知り、歎《たん》じて曰く、地獄天堂《ごくらく》金次第と。退きて一書を著《あらわ》して、言《げん》を八重桐《やえぎり》に寓《ぐう》す。間《このごろ》、栢車《はくしゃ》・薪水《しんすい》、無常の風に御《さそ》はるると聞きて、継《つ》ぎて此《こ》の編を為《つく》つて、以《もつ》て諸《これ》を貸本屋に伝ふ。二子《にし》の追善《ついぜん》、焉《いずく》より大《だい》なるは莫《な》し。此の編や、一枚看板《いちまいかんばん》を掛けて、而《しこう》して三箇《さんが》の津《つ》に行はれん。明和戊《つちのえ》子《ね》の秋、寝惚先生陳奮翰撰《ちんぷんかんせん》す）

獄中死した源内

志道軒の人気は源内の『風流志道軒伝』によってますます上ったが、なかには、講釈師馬場文耕《ばばぶんこう》のように、面白く思わず、「葛飾《かつしか》の隠士《いんし》」と称して痛罵する者もいた。

文耕は、1758（宝暦8）年に著した『当代江都百化物《えどひゃくばけもの》』のなかで、「浅草観音地内に志道軒と云ふ癖《くせ》坊主、軍書講談をして久しく御当地を化かす者あり」「世間の人、彼に大いに化《ばか》されて志道軒は学者の如く覚えたる人なり」などと、けなしまくったのだ。

蔦重は、『当代江都百化物』が出版された当時はまだ9歳の少年にすぎなかったから読んではいないだろうが、噂話ぐらいは耳に入ったかもしれない。

文耕の売りは罵詈雑言を吐くことではあったが、審理中の事件を取り上げて幕政を批判した過激さがたたって投獄され、あげくの果てに獄門に処されるという末路を迎えた。

源内も事故を起こした。自宅を訪ねて来た大工と飲んで泥酔し、目覚めると懐に入れたはずの普請《ふしん》図面がない。大工が盗み取ったと早とちりして喧嘩の末、斬り殺してしまい、牢に入れられ、そこで死んでしまったのだ。死因はよくわかっていないが、酒の上の過ちとはいえ、自身の軽率さを恥じて自殺したのではないかといわれている。

源内の遺骸を引き取って浅草の総泉寺に埋葬したのは、蘭学の先駆者で『解体新書』を翻訳したことで知られる親友杉田玄白《げんぱく》だった。蔦重は、源内を通じて玄白とも知り合うことができた。

玄白は、自費で建てた墓碑に次のような絶句（1行4文字・4行の漢詩）を刻んで源内を哀悼した。

「嗟《ああ》非常人、好非常事、行是非常、何死非常」（あゝ非常の人、非常なる事を好み、行いはこれ非常、何ぞ非常に死すや）

源内を評して〝非常の人〟とは言い得て妙。非常とは「常に非ず」（非ㇾ常）で、「普通でない」「非凡」という意味なのである。

蔦重は源内という〝最強の後見人〟を失ったが、源内から有形無形の多くのことを学んだだけでなく、多くの人脈もほぼそっくり受け継いだのである。筆者は蔦重を菊池寛に喩えられると既述したが、菊池寛には来る者は拒まない心の広さがあり、そういう性格も蔦重と類似していた。心の広さは、古今を問わず、起業家には必須の資質といえよう。

源内が蔦重・京伝に及ぼした影響

蔦重とは切っても切れない間柄の江戸っ子戯作者山東京伝《さんとうきょうでん》も、33歳の年齢の開きがあった源内の作品に影響を受けた1人である。

京伝が53歳を迎えた1813（文化10）年3月に書いて翌年出版の運びとなった合巻『磯馴松金糸腰蓑《そなれまつきんしのこしみの》』（丸屋甚八刊）の序文で、源内の本を夢中になって読んだ子どもの頃の思い出に触れている。

「おさなき時の根なし草。金々先生栄華の夢の。まだ醒《さ》めきらぬ五十年」

自身の著作やプライベートについて語ることがなかった京伝なので、とても貴重だ。

ここにいう「根なし草」は、いうまでもなく、前述した『根南志具佐』のことで、同書や『風流志道軒伝』が発売されたのは蔦重14歳、京伝3歳の1763（宝暦13）年なので、蔦重は読めたが、京伝には無理だった。源内は難しい漢字を多用することで知られているし、幼児が読めるような文章でも内容でもないから、読み聞かせてもらったとも思えない。後年に読んだのだろう。

子どもの頃に読んだり読み聞かせてもらったりして感動した本の思い出は、大人になっても記憶に残っている。蔦重にしても京伝にしても、そういう本を書いた平賀源内という人物に魅せられ、興味を抱いたのだ。

『根南志具佐』はかなりの長編だったが、後編も出た。後編の刊行は1769（明和6）年の正月で、蔦重は20歳の青年になっていたが、京伝はまだ9歳の少年。この年齢では、もし読めたとしても理解できなかったろう。おそらく、もっと後になってから読んだと考えるのが自然だ。

蔦重は出版人になるのだから、子どもの頃から本好きだったと考えるべきで、京伝と同じように少年時代のどこかで『根南志具佐』を読んで感動した可能性はきわめて高い。そう考えると、蔦重が25歳のときに出版に関与した鱗形屋《うろこがたや》版の『吉原細見』の序に源内を起用した理由が理解できるのではないか。

『吉原細見』が本屋商売の出発点

吉原のガイドブック『吉原細見』は、通常、正月と7月の2回発行された。

「細見嗚呼御江戸《ああおえど》」という序題がつけられた『吉原細見』が売り出された年月は、序文の最後の行に「午《うま》のはつはる　福内鬼外《ふくうちきがい》戯作」と記され、奥付に「安永三甲午歳」とあることから、1774(安永3)年の正月と知れる。福内鬼外は、源内の戯号の1つである。

その年は、蔦重が『根南志具佐』や『風流志道軒伝』を読んだと思われる14歳のときから数えて11年後で、25歳になっていた。

蔦重は、鱗形屋版の『吉原細見』を吉原の大門そばの店で販売することになった縁で、鱗形屋の経営者孫兵衛と次第に親しい間柄になり、意見交換する機会も増えていた。

蔦重は吉原の緒事情に精通しているだけでなく、アイデアマンでもあったから、孫兵衛に「『吉原細見』をこうしたらどうか」と様々な提案をし、そういうことが続くうちに、

「蔦重はまだ若いが、〝吉原の申し子〟のような男。彼ほど、吉原事情に精通した出版人はいない。餅は餅屋だ。この際、思い切って、うちの『吉原細見』の編集そのものを全面的に蔦重に任せてみよう。妓楼の買い上げも増えるに違いない」

そんな気にさせた。

任せたいといわれて異存があろうはずはなく、蔦重は喜んで引き受けた。それが『細見嗚呼御江戸』である。こうして蔦重は、単なる書店主から編集者へと羽ばたいたのだ。

蔦重は、現状に満足せず、いつも前向きで、「どうすれば、もっと本が売れるようになるか」「もっと、いろいろなことに挑戦したい」などと自問自答した。

「それには、これまでの『吉原細見』にないことをやるべきだ。誰もが知っている大物の戯作者に序文を依頼すれば、本の評価は高くなり、信頼性も増す」

序文を源内に依頼したのも、そう考えたからだった。

その読みはズバリと的中する。蔦重以前に『吉原細見』のような遊郭のガイドブックに、源内のような大物が序文を書いた例はなかったから、世間は注目し、本は売れた。

源内の「吉原遊女論」

ところで源内は、蔦重の依頼を受けて『細見嗚呼御江戸』の序文に何を書いたのだろう。そこに展開されているのは「吉原の遊女論」だが、源内は生涯独身を貫いた同性愛者だっただけに、興味を感じる読者もおられようから現代語訳しておこう。

「人買いを商売とする女衒《ぜげん》が、吉原で働かせる目的で娘を買い取るときに用いる評価方法がある。一に目、二に鼻筋、三に口、四に髪の生え際という順にチェックしていく方法だ。女郎として望ましい肌は凝固した脂のようなのがよく、歯は瓢《ひさこ》の種のようなのがよい。遊郭にはそれぞれの家風というものがあり、好みの顔というのもある。尻の形や大きさにしてもそうで、足の親指がどういう風になっているかということも口伝になっている。

刀豆《なたまめ》や臭橘《からたち》に見立てる秘術も存在し、選ぶのもなかなか骨が折れるが、牙ある者には角《つの》はなく、柳の葉はいつも緑ではあるが、華というものが感じられず、それと同じように、智恵があっても醜くかったり、美しくても馬鹿だったりすることもあるし、もの静かなのはいいが溌溂としていないのはまずく、賑やかな者はお転婆だったりする」

話は、これで終りではなく、まだまだ続きがある。

「顔・心・容姿と三拍子そろった遊女は、座敷持ちの高位の『中座《ちゅうざ》』となり、『立者《たてもの》』（立役者《たてやくしゃ》）と呼ばれる。これぞ人といえる者がいないように、これぞ遊女と呼べる女は稀なのである。そういう遊女がいたら、貴いこと限りなく、得がたいこと限りなしといえる。あるいは、骨太で毛深い者も、太短い猪首《いくび》で獅子鼻で出っ尻の者も、虫食い栗を食べていた者※も、拍子木が四ツ時（午前10時）を告げると、居残っていた者がどの遊郭の張り店からも引き揚げてしまい、格子の向こうには誰一人として女郎の姿はなく、ただだっ広くなるのが、あゝ、お江戸なのである」

※虫食い栗を食べていた者　原文は「蟲喰栗《むしくいくり》のつゝくるみ」となっているが、意味不明。書いた当人の源内は、この6ヵ月後（7月）に「吉原細見　里のをだ巻評」（『風来六部集　下』に収載）を書き、「細見嗚呼お江戸の序に有るごとく、或は骨太・毛むくじやれ・猪首・獅子鼻・

棚尻の類なきにしもあらず」（『細見嗚呼御江戸』では「或は骨太毛《ほねぶと》むくじやれ、猪首《いくび》獅子鼻棚尻《たなじり》、蟲喰栗のつゝくるみも」となっている）として、「蟲喰栗のつゝくるみ」という言葉だけをはずしているところをみると、誰かから「意味不明」と指摘されて削除したのかもしれない。

蔦重が出版界に関わるきっかけとなった『吉原細見』は、江戸の町に住んで吉原へ通っている者だけが対象ではなく、地方から江戸見物にやって来た者も土産に何冊も買っていくので、売上が目に見えて増える効果も大きかった。

鱗形屋孫兵衛は、蔦重が宣伝上手なだけでなく、商売上手でもあることを知って、さらに信頼を深め、長く手掛けてきた『吉原細見』を丸ごと蔦重にゆだねる決断をした。書店主から委託編集者へ、そしてさらには独立した版元へと、まるで絵に描いた三段跳びのように、蔦重は大きくステップアップすることに成功するのである。

こうして誕生した蔦屋版『吉原細見』は、他の版元には真似のできない「地縁・近縁」という強みを発揮し、急速に人気化して類書を圧倒駆逐、1783（天明3）年正月にはついに市場を独占するようになる。だが、そのことは蔦重にとっては、大きな夢への始まりに過ぎなかった。蔦重には、江戸は元より日本中の人々を熱狂させるような本づくりという、べらぼうな夢があったのだ。

偉才発掘仕掛人

卯《う》 山東京伝は文画《ぶんが》二刀流

〝投打二刀流の天才〟大谷翔平は大リーグの本場アメリカで大人気だが、日本の江戸時代には〝文画二刀流の天才〟が何人も活躍した。恋川春町、山東京伝、十返舎一九に葛飾北斎。蔦重は、彼ら天才の「想像力・創造力の二刀流」を発揮させる天才仕掛人だった。

蔦重と山東京伝の出会い

絵を描くことが大好きな少年が深川にいた。1761（宝暦11）年生まれの質屋（伊勢屋伝兵衛）の倅《せがれ》（長男）で、名を岩瀬醒《さむる》といった。通称伝蔵。のちの山東京伝《さんとうきょうでん》である。

伝蔵少年は、絵本などを読みながら、よくこう思ったものだった。

「このような物語を紡ぎ出す才能は自分にはない。だが、絵を描く才能ならある。名のある浮世絵師に弟子入りして挿絵画家になりたい」

伝蔵が弟子入りしたのは、浮世絵師の北尾重政《きたおしげまさ》だった。

北尾は画姓で、本姓は北畠。重政の父は江戸小伝馬町の老舗の書肆須原屋《すはらや》三郎兵衛である。三郎兵衛は、大坂の大きな版元だった須原屋茂兵衛のところで長く奉公して「のれん分け」してもらい、東京に店を構えたという経緯があった。

『長髢姿蛇柳《ながかもじすがたじゃやなぎ》』に描かれた山東京伝（国立国会図書館）

その長子重政は、今では〝北尾派〟と呼ばれる一門を築く浮世絵師になって、紅翠斎《こうすいさい》と号していたが、子どもの頃から独力で鈴木春信らの絵を学んでいたという。

そんな話を耳にした伝蔵は、自身の体験と共通するところに感動し、この人の門を叩こうと思った。そのとき伝蔵は15歳だった。

重政は弟子入りを許し、「北尾政演《まさのぶ》」という立派な画号を授けた。

それから3年後の1778(安永7)年、重政は、政演をデビューさせた。「者張堂《しゃちょうどう》少通辺人《しょうつうへんじん》」という奇妙な名の作家が書いた黄表紙『開帳利益遊合《かいちょうりやくのめくりあい》』の画工をやらせたのだ。

北尾政演という聞きなれない18歳の画工が描いた挿絵を見て、

「この男、ただ者ではない」

と直感した目利きがいた。29歳の蔦重だった。菊池寛や小林一三がそうであったように、蔦重にも才能や才覚を直感的に見抜く眼力が備わっていたのである。

蔦重は、さっそく会いに行き、声をかけた。

「中村座で11月から上演する富本《とみもと》浄瑠璃『色時雨紅葉玉籬《いろしぐれもみじのたまかき》』の正本《しょうほん》に役者絵を描いてみないか」

富本は浄瑠璃の一派「富本節《とみもとぶし》」の略称で、正本は浄瑠璃の詞章を記した本である。

これが2人の初めての出会いだった。蔦重29歳、山東京伝18歳。

才能を見抜く嗅覚と義侠心

蔦重は人を見る目があった。才能を見抜く人並みはずれた嗅覚や直感が備わっていた。

「政演はまだ若いが、必ず大化けする」

そう確信する理由があった。一枚一枚の絵に工夫を凝らし、細部にまでこだわった描き方をするところも、他の挿絵画家と異なっていた。部屋の調度、貼られた壁の絵などもよく見ると、笑いを誘うようなことが書き込まれていたりするのだ。

政演の才気は、挿絵だけに留まらなかった。文章もうまく、物語を紡ぎ出す発想力にも秀でていた。現代人でいえば、手塚治虫、横山光輝、赤塚不二夫、藤子不二雄といった一世を風靡した漫画家たちと共通する才能で、原作となる物語を紡ぎ出す「文才」と、構想した物語を絵にしていく「画才」を兼備した能力が政演には備わっていたのだ。

別の個所でも触れるが、蔦重と出会って4年後の1782（天明2）年、政演は『御《ご》存商売物《ぞんじのしょうばいもの》』と題する軽妙洒脱な戯作を発表し、黄表紙作家として名乗りを上げる。22歳で物語を書き、挿絵まで描いたのである。〝江戸の大作家〟山東京伝の誕生だった。

しかし、書いた当人は自信がなく、浮世絵師として絵を描く仕事だけをやっていったほうがいいのではないかと思い悩んでいた。

すると、『御存商売物』は「古今の大出来《おおでき》々々《おおでき》」と激賞され、歌舞伎役者の評判記にあやかったランク付けで最高位の「大上《だいじょう》上吉《じょうきち》」とまで評価する本が現れた。四方山人《よもさんじん》が書いた『岡目八目《おかめはちもく》』だった。

四方山人とは江戸っ子なら誰でも知っているといわれた高名な大田南畝《おおたなんぼ》の別号だったから、たちまち話題になり、『御存商売物』は売れた。むろん、蔦重も読んで感心した。

大田南畝は、和漢の学に通じ、文壇の指導者的立場にいた。1749（寛延2）年生まれの幕臣で、名は覃《たん》、通称直次郎。京伝より12歳上、蔦重より1つ上だった。狂歌、狂詩、随筆など多方面に通じた文人だけに号も多く、よく知られているだけでも、蜀山人《しょくさんじん》、四方赤良《よものあから》、山手馬鹿人《やまてばかひと》、寝惚先生《ねぼけ》、風鈴山人《ふうりんさんじん》などがあった。

源内が見抜いた南畝の才能

大田南畝の非凡な才能を誰よりも先に見抜いたのは、前に触れたが、平賀源内である。南畝の文壇デビューは19歳。戯れに作った「狂詩」が平賀源内の目にとまり、推賞を受けて1767（明和4）年9月に処女作の狂詩狂文集『寝惚《ねぼけ》先生文集』（狂詩26首・10篇）を「毛唐陳奮翰《けとうちんぷんかん》」という妙な号で出版した。そのとき蔦重は18歳だった。

狂詩とは、押韻《おういん》・平仄《へいそく》といった漢文様式を踏まえながら、俗語や卑語を多用しつつ洒落・洒脱・滑稽な内容の詩を綴った日本生まれの新ジャンルの詩であり、狂文とは、狂歌に対して起こった滑稽な戯文のことで、諧謔・風刺を2大特徴とし、卑俗な素材を堅苦しい漢文口調を用いながらパロディ仕立てにしたり、自虐なども使って滑稽に論じた。狂詩も狂文も江戸中期以降さかんになり、明治初期まで続いた知的な遊びだった。

『寝惚先生文集』に収められた狂詩「貧乏行」は、五言絶句で綴った次のようなパロディである。

「貧すれば鈍する　世を奈何《いかん》せん　食うや食わずの吾《わ》が口過《くちす》ぎ　君聞かずや　地獄の沙汰も金次第　挊《かせ》ぐに追い付く貧乏多し」

平賀源内の目に狂いはなく、大田南畝は、「こじつけ」とか「当て字」などを使った諧謔的手法を用いて、それまでは単なる「遊び」に過ぎなかった狂歌・狂文を「文学」の域にまで高め、やがて〝天明の狂歌〟と呼ばれる大ブームが到来し、その第一人者へと大成していくのである。

その南畝が1780（天明2）年に書いた評判記『岡目八目《おかめはちもく》』は、前年に出した『菊寿草《きくじゅそう》』が好評だったことから、その続編的意味合いの評判記として出版された。

両書に用いた四方山人という号は、『四方山人狂文集』（1783〈天明3〉年刊）でも使っているが、平賀源内が南畝のデビュー作『寝惚先生文集』に序文を寄せたときの号「風来山人」にあやかった、つまり〝源内への一種のオマージュ〟ではないかというのが、筆者の推察である。

源内が書いた序文も、当然というべきか、とぼけながらも諷刺の効いた「味噌の味噌臭いのは上《じょう》味噌ではない。学者の学者臭いのは真の学者ではない」（味噌之味噌臭《みそのみそくさ》きは味噌に非《あら》ず。学者之学者臭きは真《しんの》学者に非ず）で始まっていた。

評判記の影響力

『岡目八目』に発表された「ランキング」に話を戻そう。

書物の題名、浄瑠璃の名題、歌舞伎の外題の上に記す2行から数行の冠称を「角書《つのがき》」と呼んでいるが、両書の角書は2行表示で、『菊寿草《きくじゅそう》』のそれは「絵草紙評判記」（えぞうしひょうばんき）、『岡目八目』の方は「稗史評判」（はいしひょうばん）となっている。

稗史《はいし》とは、「正史ではない民間の歴史書」を意味し、転じて小説ないしは小説風の歴史書のことだが、今日では『岡目八目』を黄表紙評判記と呼ぶのが一般的だ。

では『菊寿草』が「絵草紙《えぞうし》評判記」とした「絵草紙」とは？　「草双紙《くさぞうし》」とはどこがどう違うのだろうか？

山東京伝が戯作者と画工の二刀流の腕を振るった『御存商売物』では、あらゆる種類の本が擬人化されて登場し、「唐詩選・源氏物語は、一枚絵と青本が訳を聞きしに、黒本・赤本が仕業と云こと知れ、双方へ教訓する。『絵草紙・草双紙は、この方の仲間違いなれども、いずれ本と名がつけば同じ類なり（以下、省略）』」とあり、「同じ本だが、仲間違い」つまり種類が違う本といっている。

絵草紙とは絵本、絵入本、錦絵などをいうのに対し、草双紙は赤本、黒本、青本（黄表紙）などをいうのである。

『菊寿草』も『岡目八目』も歌舞伎役者の評判記に見立てたランク付けを行っており、「立役」「敵役」「若衆役」「子役」といった歌舞伎の役柄を使って分類し、「上上吉」とか「上上」などと採点していた。

『菊寿草』が「立役之部」で「極上上吉」というぶっちぎりの評価をしたのは、蔦重が1

781（天明元）年に刊行した黄表紙『見徳一炊夢《みるがとくいっすいのゆめ》』だった。

同書の角書が「栄華程五十年 蕎麦価五十銭」（えいがのほどごじゅうねん そばのあたいごじゅっせん）となっているのは、主人公が夢の中で栄華体験をし、目が覚めるが、それでも徳と洒落たのだ。著者は朋誠堂喜三二《ほうせいどうきさんじ》。

朋誠堂喜三二とは書店まがいの号だが、歴とした武士で、1781（天明元）年から秋田藩（20万石）の江戸留守居役を務めていた。本名平沢常富《ひらさわつねとみ》、通称平格《へいかく》（平角）。よく知られた狂名は手柄岡持《てがらのおかもち》、浅黄裏成《あさぎのうらなり》だが、ほかにも謎めいた狂名をこしらえていた。

朋誠堂喜三二については、別途詳述するので、ここでは軽く触れるにとどめるが、『見徳一炊夢』の6年前（1775年）に世に出た『金々先生栄華夢《きんきんせんせいえいがのゆめ》』と似た内容の〝一炊夢《いっすいのゆめ》物《もの》〟に仕立てても平気だったのは、喜三二と恋町が大親友だったからだろう。『親敵討《おやのかたきうてや》腹鞁《はらつづみ》』の挿絵も春町が画いている。

南畝の黄表紙評判記

黄表紙の売れ行きを飛躍的に伸ばす本が出現したのは、1781（天明元）年の正月のことだった。書いたのは大田南畝。前にも触れた『菊寿草』と題した「黄表紙評判記」で、「どんな黄表紙が面白く、高得点をつけられるか」「誰が書いた作品のどこがおススメか」

と論じて、江戸庶民の知的好奇心を煽ったのである。

同書の冒頭を飾ったのは正月風景をテーマにした狂歌「江戸の書肆尽《しょしづ》くし」で、そこには老舗の大手書肆と堂々と肩を並べた32歳の蔦重の名があった。

読者を喜ばせ、南畝人気に拍車をかけた〝書肆づくし狂歌〟は、こんな内容だった。筆者が傍線を引いた個所が江戸の大手書肆で、登場する順に鶴屋、松村屋、岩戸屋、村田屋、西村屋、伊勢次（伊勢屋次助の略称。狂歌では「伊勢治」などと表記している）、そして蔦屋の8店となっている。

鶴屋の羽をのす※初日影
　門松むらのしめかざり
さつとひらけば
　天《あま》の岩戸屋

※のす　伸ばす

村田の畔《あぜ》をゆづりあふ
　御代は東も　西村も
ともにおさまる

いせ治の神風

奥村の瓢箪から
　駒がいさめば
　　　花の廓
その大門《おおもん》の
　まがきの蔦屋

当時の書店事情については、『浮世風呂』『浮世床』で知られる式亭三馬《しきていさんば》が1802（享和2）年に著した黄表紙『稗史億説年代記《くさぞうしこじつけねんだいき》』によれば、赤本以来の「草紙問屋の数を知る歌」と題した次のような文句が載っており、そこには10店がリストアップされている。

「つる《（鶴屋）》つたや《（蔦屋）》 泉《（和泉屋）》 市《（市村屋）》むら田《（村田屋）》山口《（山口屋）》や岩戸《（岩戸屋）》えのもと《（榎本屋）》西《（西村屋）》は村宮《（西宮屋）》」

字あまりもあるが、五七五七七の狂歌に仕立て、「市むら田」「西は村宮」と掛詞《かけことば》（市むら田＝市村＋村田、西は村宮＝西村＋西宮）にして一工夫こらしているのも三馬らしい〝戯作的手すさび〟といったところか。

登場人物の袴《はかま》に当時の草双紙の版元の商標をあしらった挿絵を使った黄表紙もある。

『菊寿草』が出た翌1782（天明2）年に鶴屋から刊行された既述の『御存商売物』で、太郎冠者に扮した作者自身が口上を述べている巻頭の挿絵だ。

裃に画かれているのは、鶴屋、蔦屋、丸小（丸屋小兵衛）、奥村屋、伊勢次、松村屋、村田屋、岩戸屋、泉市（和泉屋市兵衛）。

その挿絵を描いた画工は政演で、本文を書いた戯作者は山東京伝。つまり、〝作・画の二刀流〟である。裃の後の部分は見えていないが、そこにもあると思わせる。

版元の数はどれくらいだったか

もう少し版元の話を続けよう。前述した三馬の『稗史億説年代記』は、

「此《この》こじつけ年代記はくさぞうしの初《はじま》りより、当世にいたるまで時の流行に従いて移りゆくさま〴〵《ざま》を略して集めたる也《なり》」

と冒頭に書いているが、書名から堅い内容の本だと勘違いするかもしれないので、「復焼直鉢冠媛」（またやきなおすはちかづきひめ）と角書《つのがき》してある。「復焼直鉢冠媛《またやきなおすはちかづきひめ》」とは、つまり、草双紙の歴史を「鉢かづき姫」のストーリーに仕組んで展開させる趣向になっている本なのだった。

「鉢かづき姫」は室町末期に成立した『御伽草子《おとぎぞうし》』に入っている昔話の1つだが、知らな

い人もいるので、あらすじを簡単に説明すると、病床の母親が自分の死後の娘の行く末を心配するあまり、観音様のお告げに従って、頭に鉢をかぶせ、それが取れなくなって起こるさまざまな出来事が展開されるが、最後は鉢が取れて高貴な若様と結婚して幸せになるという話である。

『稗史億説年代記』が刊行されたのは1802（享和2）年なので、南畝の『菊寿草』から21年も経過し、版元事情も変化している。そこで作者の一九は、「草紙問屋の数を知る歌」に触れる前に、リストアップした19店には「江戸地本問屋の目印」として「〇当時出版の印《しるし》、▲艸《くさ》そうし相休《あいやすみ》の印」をつけて区別した。

それによると、上記「伊勢次」の「山下町　伊勢屋次助」には▲印がついているので、その後、黄表紙の発刊をしなくなったということのようだ。松村、岩戸屋も同様。経営方針でそうしたのか、草双紙は儲からないと判断したのか、これといった企画が出ず、出版できなかったのかは、店によって異なっている。

〇▲は、次のようになっている。カッコ内は店舗のあった場所である。

〇印　村田屋治郎兵衛（通油町）、**蔦屋重三郎**（通油町）、鶴屋喜右衛門（通油町）、岩戸屋喜三郎（横山町）、榎本吉兵衛（通はたご町）、山口屋忠介（馬喰町）、西村与八

（馬喰町）、和泉屋市兵衛（神明前）、西宮新六（通塩町）　以上9店

▲印　**鱗形屋孫兵衛**（通はたご町）、山本九右衛門（大伝馬町）、丸屋小兵衛（通油町）、丸屋甚八（通油町）、松村弥兵衛（通油町）、伊勢屋次介（山下町）、よし屋太兵衛（馬喰町）、岩戸屋（茅町）、大和田出店（大伝馬町）、奥村源六（通塩町）　以上10店

南畝が最高点をつけた『御存商売物』

今も昔も、人々は世間の噂とか流行に弱い。「おいしいと話題になっているあの和菓子を食べてみよう」「あの芝居は面白いと評判だから行ってみたい」「最近流行しているあの髪型を真似したい」など、巷で人気があり、高評価されるものに群がる傾向は同じだ。

江戸庶民に人気の高かった本のジャンルに「評判記」なるものがあった。「遊女評判記」「歌舞伎評判記」「役者評判記」「相撲評判記」「名物評判記」などである。前述した1780（天明2）年正月に出版された大田南畝の黄表紙評判記『岡目八目』も、その1つだった。評価対象となった作品は、前の年に発刊された47種類の黄表紙である。

子どもの絵本から発展した黄表紙は、1篇の長さが5丁《ちょう》（10ページ）、10丁（20ページ）、15丁（30ページ）のいずれかと決まっている。今日でいうと「短編小説」に該当する枚数

なので、読み通すのにさほど時間がかかるわけではない。

その手の本を書くときの南畝に肩書をつけるなら、今でいえば「文芸評論家」で、次から次へと出る本に目を通して「ランク付け」を行うのが仕事になる。

南畝は、山東京伝の『御存商売物』（3巻3冊）を一読、躊躇することなく最高位の「総巻軸《そうまきじく》大上　上吉《だいじょうじょうきち》」をつけた。「総巻軸大上上吉」というのは、歌舞伎役者になぞらえた評価法だった。

歌舞伎役者の技芸では「上上吉《じょうじょうきち》、上上、上、中の上、中」の5段階評価が普通だったが、南畝はその最高位にさらに「大《だい》」をつけて「大上上吉」と評価したので、読者の関心を煽り、購買意欲を大いにそそることとなったが、誰よりも喜んだのは京伝だった。戯作者として生きていくことに迷いが生じていた京伝は、南畝が絶賛したことを知って勇気が出、戯作者を続けていくことを決意したのである。

南畝は、こんな風に評していた。

「寅歳《とらどし》の絵草紙、惣巻軸《そうまきじく》、作者京伝とは、仮《か》りの名、まことは紅翠斎《こうすいさい》門人政演丈《まさのぶじょう》の自画自作、ごぞんじの商売物に本づくし、（中略）黒本・赤本・下《くだ》りの本の本退治《ほんたいじ》、一番目の大詰《おおづめ》まで、古今の大出来《おおでき》々々《おおでき》」

本退治とは聞き慣れない言葉だが、「赤本・黒本の悪だくみ、下り絵本（上方から江戸へ進出してきた本）の陰謀を退治するストーリーのこと」をいっており、京伝の創作語といってよかった。本書は、読者があっと驚く奇想天外な設定の「赤本・黒本・青本など本尽くしの擬人化物語」で、登場人物は〝擬人化された各種の本〟なのである。

擬人化は室町時代に登場した「御伽草子」以来の伝統的物語手法で、「ウサギと亀」「猿蟹合戦」など、いくつもあって、決して新しい発想ではないが、本を擬人化するという発想は誰も思いつかなかった。そのあたりにも京伝の非凡さの一端が感じられる。

『御存商売物』の版元は鶴屋喜右衛門だが、蔦重も『吉原細見』という登場人物として擬人化されて登場し、挿絵にも画かれている。「細見」が着ている羽織に蔦重の家紋である「富士山形に蔦の葉をあしらった紋」が入っているので、それとわかり、読者は思わず「あの蔦重だ」とニンマリとする。そういった仕掛が満載された抱腹絶倒の本なのだ。

擬人化されて登場する出版物の名称は、これでもかこれでもかとばかりに現れ、さながら〝江戸時代の出版用語の基礎知識〟の様相を呈しているのも興味深い。

登場順に記すと、以下のようである。

「八文字屋《はちもんじや》（大坂の老舗）の読本、貸本屋の風呂敷、行成《こうぜい》表紙の下《くだ》り絵本（行成は能書家で知られる平安中期の公卿藤原行成《ふじわらのゆきなり》)、赤本、青本、黒本、一枚刷り(紙一枚に刷った江戸特産の浮世絵版画)、袋ざし(袋入りの本)、柱隠し(柱に掛ける竹や板などに描いた書画)、洒落本、地本《じほん》(江戸で出版された本)、咄本《はなしぼん》、浮絵《うきえ》(浮き出たように見える絵)、錦絵、長唄本、義太夫の抜き本(一部分を抜粋した本)、三芝居鸚鵡石《おうむせき》(鸚鵡石は歌舞伎の名セリフを抜き書きした本)、狂言本、大津絵《おおつえ》(近江国大津の追分あたりで売られた民族絵画)、塵劫記《じんこうき》(江戸初期の数学書)、年代記、道化《どうけ》百人一首、小本《こほん》(半紙4つ切りサイズの本)、いろは短歌、紅絵《べにえ》(黒墨絵に紅の絵の具で彩色し、錦絵の前身となった浮世絵)、唐詩選、源氏物語、絵草紙、草双紙、徒然草、用文章(実用文・書簡文)、庭訓往来《ていきんおうらい》(寺子屋で使われた1年12ヵ月の手紙の模範文を記した往来物の一種)、宝船(七福神、米俵、宝物を乗せた帆掛け船の絵)、道中双六」

そのとき、32歳だった蔦重は何をしていたのかというと、飛躍するための準備をしていた。新たなる書き手の発掘である。

驚異の大型新人2人

蔦重は、2人の大型新人に目をつけた。1人は、年に8冊も出版する〝驚異の量産作家〟朋誠堂喜三二。もう1人は〝文画二刀流〟の若き天才山東京伝である。

喜三二は1735（享保20）年の江戸生まれ、山東京伝は1761（宝暦11）年の江戸生まれなので、年齢差が親子ほどの26歳もあった。デビューしたのは喜三二の方が早いので、喜三二から先に説明しよう（傍点は筆者）。

蔦重が1784（天明4）年に刊行した竹杖為軽《たけづえのすがる》の黄表紙『夫従以来記《それからいらいき》』は、「儒学者でいうなら、喜三二は荻生徂徠《おぎゅうそらい》で、恋川春町・四方赤良は〝徂徠門下の双璧〟といわれた太宰春台と服部南郭《なんかく》だ」（「たとえて申さば、喜三二は徂徠、春町四方は春台南郭」）と述べている。竹杖為軽こと森島中良《ちゅうりょう》は、江戸幕府の奥医師の4代目桂川周甫《しゅうほ》の弟である。蛇足めくが、桂川周甫は、札差や遊郭主人に伍して吉原や芝居町で金に糸目をつけずに豪勇しまくって「十八大通《だいつう》」（通人中の通人が大通）と呼ばれた数少ない人物の1人だった。

『夫従以来記』の第1篇の冒頭には「序」、巻末には「跋《ばつ》」（あとがき）がある。文末には筆者の名が記されており、序は「朋誠堂識《しるす》」、跋には「大門口《おおもんぐち》　津《つ》たや十三郎板」の書名がある。跋は蔦重自身が書いたのである。

「俄」がつなぐ蔦重と喜三二の絆

1777（安永6）年の8月、蔦重は、吉原の祭り「俄《にわか》」を宣伝するための小冊子

朋誠堂喜三二（奥）と話す蔦重（『恒例形《いつものかた》間《ま》違《ちがい》曽我《そが》』国立国会図書館）

『明月余情』を刊行した。喜三二は、それに朋誠堂という号で「序文」を書いていた。

「江戸の東方にある鳥がさえずる色町新吉原で、〈俄〉と呼ぶ祭礼がにぎにぎしく行われたのは、明和の初め頃のことだった。祇園囃子《ばやし》や雀踊《すずめおど》りなどが明和4（1767）年亥《い》の年の秋に行われたもの の、その後、中断してしまっていたが、一昨年（安永4〈1775〉年）に復活、去年も行われた。年々賑やかになって、面白さも倍加した。俄という祭りは、郷土の繁栄を映す鏡なので、誰もが腕によりをかけて励み、燈籠には灯がともり、あたりには花の薫りが満ちあふれ、明月の余情を感じながら、風流な客人たちを秋の花に見立てて、芸者だろうが素人だろうが、禿《かむろ》だろうが普通の娘だろうが、区別などしない。誰も彼もが心を一つにして俄を盛り上げようじゃないか。それこそが俄ではないか」

（鳥が啼東乃華街《なくあづまのいろまち》に、速戯《にわか》を翫《もてあそぶ》ぶことハ、往《いん》じ明和《めいわ》のはじめ、祇園囃雀躍《ぎおんばやしすずめおどり》など、其萌《そのきざし》ありしに因《ちなみ》て仝《おなじ》四つのとし亥乃秋《いのあき》にして初《はじめ》て起《おこ》れり。厥后中絶《そののちなかたへ》たるを、去ゝ年《おととし》、不図再興《ふとさいこう》ありて猶去年《なおこぞ》に継《つげ》り。其賑《そのにぎわ》ひ年《とし》を追《おつ》て盛《さかん》に。趣向倍《しゅこうます〱》興有《きょうあり》。これ此郷《このさと》の栄《さかえ》をますみの鏡《かがみ》なれば、各其藝《おのおのそのげい》を移《うつ》して、燈籠花《とうろうはな》の薫《かほり》を過《すご》さず、明月乃余情《めいげつのよせい》を儲《まふ》けて、紅葉ゝ乃先駆《もみじばのさきがけ》せんと、或風流乃客人乃仰《あるふうりうのまれびとのおふぎ》を秋《あき》の花《はな》にして、藝者《げいしゃ》と素人《しろと》とを論《ろん》ぜず。禿《かぶろ》と娘《むすめ》とを厭《いと》ハず。我《われ》よ人《ひと》の譲《ゆづ》りなく、人《ひと》と我《われ》とを隔《へだて》ぬをもて、俄《にわか》の文字《もんじ》整《ととの》ひ侍《はんべ》り、豈夫宜《あにそれむべ》ならずや。

安永六年中秋　　朋誠識《しるす》）

喜三二とはどういう男か

『稗史億説年代記』を書いた式亭三馬は、「名人戯作者六家撰《ろっかせん》」のところで喜三二を筆頭に挙げ、「喜三二、恋川春町、万象亭《まんぞうてい》、通笑《つうしょう》、芝全交《しばぜんこう》、唐来参和《からいさんな》」という順に並べており、実力があったが、ふざけた戯号を好んで使った。亀山人《きさんじん》、浅黄裏成《あさぎのうらなり》はまともな方で、道蛇楼麻阿《どうだろうまあ》、鴎淇仁雄世話《おおきにおせわ》、金錦左恵流《きんきんさえる》、物《もの》からのふあんど、渭滄浪《いそうろう》というのもある。

朋誠堂喜三二は、どんな人物だったのかといえば、秋田藩という小藩ではあるが歴とした武士である。では、喜三二と蔦重は、いつ、どこで、どのようにして知り合ったのか。そのことを記す資料はなく、推測するしかないが、蔦重が喜三二の著書を初めて出版したのは1773（安永2）年の正月だが、喜三二がまず源内と出会い、源内を通じて蔦重と顔見知りになった線が濃厚だ。本が出る前年に源内は秋田藩から「銅山再開発」の仕事を依頼され、6月には秋田へ赴いていることから、その間に喜三二と出会ったのではないかという推理が成り立つ。

源内は、政治力を発揮した。現地で知り合った抜群に絵のうまい秋田藩士小田野直武《おだのなおたけ》を翌年（1774〈安永3〉年）、江戸詰めとして呼び寄せると、友人の杉田玄白に引き合わせ、『解体新書』の挿絵を描かせるのである。

喜三二は、その頃は「御刀番《おかたなばん》」（藩主の刀を預かる役職）だったが、1781（天明元）年には「晩得」という俳号を持つ上役（佐藤又兵衛）に代わって「江戸詰留守居役」に昇格する。

留守居役である喜三二の主な仕事は、幕府や他藩の留守居役との情報交換や接待だったことから、源内を吉原で接待するのはごく自然の成り行きと推測できる。

前にも触れたが、当時は今日の「印税」というものは存在せず、版元は著者を吉原に接待するのが通例になっていたから、源内も版元に誘われて何度も吉原遊郭へ行った。そういうときには、遊郭への通り道にある蔦重の店に顔を出しているだろうから、喜三二と連れ立っていれば、当然、言葉を交わし、飲食を共にしたと考えられる。

喜三二は1787（天明7）年に蔦重が刊行した『亀山人家妖《きさんじんかよう》』の自序も書くなど、蔦重が力を入れた戯作者だったことがわかる。亀山人は喜三二の別号だが、「きさんじん」と「きさんじ」の類似点に気づくかどうかが洒落のわかる人か否かの分かれ道か？

蔦重・京伝・喜三二を結ぶ点と線

次は、山東京伝である。

京伝が画工「北尾政演」という名で『開帳利益札遊合』の挿絵でデビューしたのは1778（安永7）年、恋川春町の黄表紙『金々先生栄華夢』が爆発的に大ヒットした翌年のことで18歳である。その年には黄表紙『米饅頭始《よねまんじゅうのはじまり》』の挿絵も描いている。

鶴と亀を型どった「米饅頭始」は、東海道五十三次の宿場を織り込んだ俗謡「お江戸日本橋」に「六郷のあたりで川崎の万年屋、鶴と亀との米饅頭、こちゃ神奈川いそいで保土ヶ谷」と歌われるほど有名な川崎宿の名物で、「京伝が作者にして北尾政演という画工」

ということを初めて世に知らしめた作品だった。

そしてその2年後の1780（安永9）年には山東京伝の戯名で初の黄表紙『娘《むすめ》敵討《かたきうち》古郷錦《こきょうのにしき》』を執筆発表するのだから、これはもう〝掛け値なしの天才〟と評すしかない。

恋川春町の『金々先生栄華夢』に刺激を受け、「これからは黄表紙の時代になる」と読んだ蔦重の勘はズバリ的中。蔦重が次々と放った黄表紙は江戸市民に圧倒的な支持を得、幅広い読者層を獲得することになった。蔦重が黄表紙に進出した年に刊行した点数は、前述したように8点で、それらの書名は以下のようだった。

①喜三二『竜都四国噂《たつのみやこしこくうわさ》』（画工不明）
②喜三二『廓花扇観世水《くるわのはなおうぎのかんぜみず》』（北尾政演〈京伝〉画）
③喜三二『鐘入七人化粧《かねいりしちにんけしょう》』（北尾重政画）
④王子風車《おうじのかざぐるま》『夜中狐物《よのなかこんなもの》』（北尾政演〈京伝〉画）
⑤著者不明『通者云此事《つうとはこのこと》』（北尾政演〈京伝〉画）
⑥著者不明『威気千代牟物語《いきちよんものがたり》』（画工不明）
⑦四方屋本太郎正直《しもやほんたろうしょうじき》『虚八百万八伝《うそはっぴゃくまんはちでん》』（画工不明）
⑧著者不明『伊達模様（だてもよう）見立蓬莱《みたてほうらい》』（画工不明）

これら8点の黄表紙で注目すべきは、3冊に朋誠堂喜三二を起用したことだ。

この年、蔦重は黄表紙仕立ての咄本も2点発行している。『舛落《ますおとし》はなした子《ね》』、『口合はなし目貫』だが、ともに著者・画工は不明である。

喜三二のデビューが1777（安永6）年であることは既述したとおりだが、驚くべきは、その年に6作もの黄表紙を書いた筆力もさることながら、それらすべての挿絵を描いたのも春町だったということだ。6冊のうち2冊が蔦重の耕書堂刊だ。

①『南陀羅法師柿種《なんだらほうしのかきのたね》』（鱗形屋孫兵衛）
②『鼻峰高慢男《はなのみねこうまんおとこ》』（蔦重）
③『珍献立曾我《めずらしきこんだてそが》』（鱗形屋孫兵衛）曾我兄弟の仇討ちに料理が絡む
④『女嫌変豆男《おんなぎらいへんなまめおとこ》』（鱗形屋孫兵衛）
⑤『親敵討腹鼓《おやのかたきうてやはらつづみ》』（蔦重）カチカチ山の後日譚
⑥『桃太郎後日噺《ももたろうごにちばなし》』（鱗形屋孫兵衛）

版元は鱗形屋が4点、蔦重は2点だったが、これは老舗書肆の鱗形屋の一角を切り崩したと考えるべきで、喜三二の才能に目をつけた蔦重は、その2作品を梃子《てこ》にして翌年（1778〈安永7〉年）正月発行の吉原細見『人来鳥』の序文を喜三二に依頼している。

蔦重が『吉原細見』につけた『人来鳥』という書名は、序文にあった「人来鳥と名付て他の気どりをうかかふのみ」に拠っている。書いた喜三二にすれば、悪い気はしない。そういうところにも、蔦重の心配りというか、如才ないところが感じられ、１７７９（安永8）年に3点もの黄表紙の執筆が実現するのだ。

現在、俳句の季語の場合は「ひとくどり」と読むが、喜三二は「気取る」に通じる「ひときどり」と読んだのである。１７６４（明和元）年1月に江戸の中村座で演じられた歌舞伎・浄瑠璃の演題『人来鳥春告曾我』は「ひときどりはるつげそが」と読んでいた。

生年は、喜三二が１７３５（享保20）年、恋町が１７４４（延享元）年、蔦重が１７５０（寛延3）年なので、恋町は喜三二より9歳若く、蔦重は喜三二より15歳も若かったから、それ相応の礼儀をわきまえた接し方をしなければならなかったろう。

筆者が思うのはそのことで、喜三二のデビュー年に6作もの挿絵を描いたのは、その前年に恋町が駿河小島《おじま》藩（1万石）の「留守居役」に任ぜられた際に喜三二から留守居役としての心得のあれこれを包み隠さず伝授してもらった恩を返す意味もあったに違いない。6作もの挿絵を画くのは大変だから、相当無理をしたのではないか。そう推理するのだ。

蔦重は、恋町の複雑な心中を察したのだろう、１７８０（安永9）年に喜三二に書いてもらった黄表紙3作の画工には、恋町をはずし、北尾重政、北尾政演（京伝）の師弟を指名している。

〝喜三二は勢いのある量産作家〟と見た蔦重は、その明くる年の1781（安永10年＝天明元）年に刊行した11点のうち3点を喜三二に委ねたが、画工は『息子妙薬（むすこのみょうやく）一粒万金《いちりゅうまんきん》談《たん》』と『円通誓大通光（えんつうのちかいだいつうのひかり）運開扇子花《うんはひらくおうぎのはな》』は北尾政演（京伝）、『鐘入七人化粧（かねいりしちにんけしょう）漉返《すきかえす》柳黒髪《やなぎのくろかみ》』は北尾重政の師弟に任せている。

黄表紙以外にも春秋恒例の『吉原細見』2点を『五街《ごかい》の松』『勝良影《かつらかげ》』と題して発行したほか、洒落本1点『大通人好記《だいつうじんこうき》』（著者・画工不明）、往来物2点『商売往来』『新撰（しんせん）耕作往来千秋楽《こうさくおうらいせんしゅうらく》』（内題「百姓《ひゃくしょう》往来」）も刊行。全部合わせると15点に達する本を1780（安永9）年の1年間に出版している。この15点という数字からだけでは発行点数が多いか少ないかの判断はつかないが、前年が3冊、前々年がわずか1冊しか刊行していなかったことを考えると、大変な点数だということがわかるだろう。それ以前も含めて蔦重が刊行した年間点数の推移は、次のようになっている。

安永3年3点、安永4年3点、安永5年5点、安永6年6点、安永7年1点、安永8年3点、安永9年15点

時代に風穴『金々先生栄華夢』

日本文学史上で〝画期的な年〟とされている安永4年まで時代を16年遡ろう。その年は、西暦では1775年。NHKが蔦屋重三郎を主人公にした大河ドラマ「べらぼう〜蔦重栄華之夢噺〜」を放送する2025年から数えると、ちょうど250年前になる。蔦重は26歳、京伝15歳、馬琴9歳だった。

では、1775（安永4）年がどう画期的だったのか。手短にいうと、これまでにも軽く触れてきたが、「恋川春町」という粋な筆名をつけた当代一の先駆流行作家が絵と文の両方を手掛けた戯作『金々先生栄華夢』が大ヒットしたのである。

同書の初版の版元は蔦重ではなく、老舗の鱗形屋孫兵衛（生没年不詳）だったが、3版は蔦重が出版した。万治《まんじ》年間（1658〜1661年）に大伝馬町三丁目に開業して以来続いていた地本問屋の経営状態が傾き、蔦重が引き継いだからである。初版から19年後、1794（寛政6）年のことになるが、蔦重と鱗形屋3代目の孫兵衛とはウマが合ったようで、日頃から仲が良く、蔦重の才能に惚れ込んだ鱗形屋に頼まれて出版を手伝うなどしていたと思われるから、当然のようにそうなったのである。詳細については後述する。

春町・京伝と蔦重

生年は、早い順に春町が1744（延享元）年、蔦重は1750（寛延3）年、京伝は1761（宝暦11）年、馬琴は1767（明和4）年である。

それまでの主流は、1728（享保13）年の『両巴巵言《りょうはしげん》』（遊戯堂）を嚆矢《こうし》とする「洒落本」と呼ばれるジャンルの本だったが、内容面でいささか問題があった。今日の言葉でいうところの〝一種の裏本〟扱いされた本で、「猥褻悔淫《わいせつぶいん》の小冊子《しょうさっし》」（曲亭馬琴『近世物之《きんせいものの》本《ほん》江戸作者部類』）という位置づけで、作者や版元を明記しないような存在だったのだ。

そのような性質上、洒落本は絵草紙屋の店頭には並ばず、貸本屋が扱っており、こんな川柳が残されている。

かし本や是《これ》はおよしと下へ入れ

貸本屋が客の少年に「この本は、おおっぴらにしちゃあいけないよ。表通りを歩くときは人目につかないように注意しないとね」とアドバイスしていたらしいのである。

今日の光景に置き換えると、18歳未満のニキビ面の少年が、レンタルショップの店頭で、何本か借りたくもないDVDを借りてその一番下にアダルト系のものをそっと忍ばせる光景を彷彿させておかしい。その手のどこか淫靡なイメージを伴った〝日陰本〟に明るい陽を当てることで一新したのが、安永4（1775）年に登場した黄表紙『金々先生栄華夢』だったのである。蔦重が発案して登場した黄表紙は、以後、文化3（1806）年の三馬の『雷《いかづち》太郎《たろう》強悪《ごうあく》物語《ものがたり》』まで、四半世紀にわたって江戸で出版されることになる。

蔦重が面倒をみた〝大文豪〟馬琴

話の腰を折るようだが、今日の日本は4人に1人が65歳以上の高齢者という世界に冠たる「高齢大国」だ。2025（令和7）年には「団塊の世代」（1947〈昭和22〉～49〈昭和24〉年生まれ）がすべて75歳以上となる〝世界屈指の超高齢社会〟に突入し、高齢人口は加速の一途である。

年をとるとだんだん足腰が弱り、眼も見づらくなってくる。近くのものにピントが合わなくなる老眼だけではすまなくなり、目のレンズの役割をしている水晶体が白く濁ってくる「白内障」（加齢性白内障）という眼病にも襲われて、視界がベールを通して眺めるような薄ぼんやりした感じになり、読書もしづらくなってくるのだ。

昔は白内障を「白そこひ」、緑内障は「青そこひ」といっていたが、厚労省や総務省のデータによると、今や80歳以上の高齢者ではほぼ100％が白内障を発症し、「眼内レンズを入れる手術」に踏み切る高齢者は70代・80代の70％に達しているというではないか。手術と聞くと不安を覚える人も少なくないだろうが、白内障の手術は、所要時間わずか十数分。局所麻酔をして白目の一部を切開し、混濁した水晶体を除去しておいて、眼内レンズを埋め込むだけの簡単なものなので、老人たちが光明を求めて殺到している。

筆者の場合、テレビ番組に出演したときに照明が異常にまぶしく、しかもカメラ付近にいるスタッフの顔が判別できなかったのがショックで、70代に入ってから手術したが、術前の検査で左目は白内障に加えて「緑内障」気味であることも判明したので、以後、進行防止の目薬が欠かせなくなった。緑内障は眼圧が高くなって視野狭窄になる眼病で、公益社団法人日本眼科医会によると「60代以上では10人に1人」だ。

なぜ長々とこんな話を持ちだしたかといえば、本書の主人公である蔦重と深い縁《えにし》で結ばれた曲亭《きょくてい》馬琴《ばきん》も、老人性眼病を患っていたからである。馬琴といえば、「読本《よみほん》」と呼ばれた伝奇小説の超大作『椿説弓張月《ちんせつゆみはりづき》』や『南総里見八犬伝《なんそうさとみはっけんでん》』を書いた〝江戸時代の国民的大文豪〟として中学校や高校の教科書には必ず登場する大物だ。

馬琴の眼病の症状を詳しく述べると、「白そこひ」と「青そこひ」を患っていたところ

『國文学名家肖像集』に描かれた馬琴（国立国会図書館）

へ、網膜の血管が詰まって血液が流れなくなる「網膜静脈閉塞《へいそく》症」を併発する不運も重なり、68歳で右目を失明、73歳で左目も失明する非常事態に陥った。作家にとって視力を失うことは致命的だが、馬琴は口述筆記に切り替え、それを3年間も続けて、28年がかりで超大作『南総里見八犬伝』全98巻106冊を完成させ、以後も作家活動を続けて82歳で大往生を遂げるのだから、高齢者の鑑のような凄い人である。ただただ頭が下がる。

重三郎の「3」の字にまつわる出来事

蔦重の本姓は丸山である。父の姓が丸山で、母は広瀬だったが、7歳の頃に喜多川氏のところに養子に入ったので姓が変わった。

重三郎という名の「重」は父の「重助」から取ったことがわかるが、では「三郎」はどうか。兄や弟のことを書いた資料が残されていないので断定はできないが、ごく普通に考えて「三男」だったのではないかと見当がつく。

ところで、言葉に宿る霊力を「言霊《ことだま》」ということはよく知られているが、数字にまつわる霊力を神道では「数霊《かずたま》」といっている。どうしてこんなことを言い出したかというと、蔦屋重三郎の人生を大きく左右した節目の年の「元号の数字」には、全部が全部ではないが、不思議と重三郎という名に入った「3」という数字が絡んでいるからである。

「単なる偶然」「牽強《けんきょう》付会《ふかい》」「オカルト」などといって笑い飛ばされればそれまでだが、筆者には気になってしようがないのだ。

まず第一に、この世に生を受けたのが1750年、寛延3年だった。

版元として初の『吉原細見』となる『細見嗚呼御江戸』（小本1冊）や評判記・絵本の『一目千本』（横本／3冊）を刊行したのが、1774（安永3）年、25歳のときである。

江戸地本《じほん》問屋が軒を並べる日本橋の通油町《とおりあぶらちょう》に進出し、大手の仲間入りを果たしたのがそれから10年後の1783（天明3）年で、34歳のときだった。

地本とは「江戸で出版された本」という意味の言葉で、その種の本を出版・販売した問屋を「地本問屋」といったのである。

黄表紙を当てるなどして江戸一の大手出版社に躍進していたときに摘発され、「身上《しんしょう》半減」の重過料を申し付けられたのは、1791（寛政3）年。この処罰は「寛政の改革」の一環で、京伝も「手鎖50日」の刑を食らっている。蔦重が48歳で死ぬのはその6年後、1797（寛政9）年で、いずれも3の倍数というのも筆者には気にかかる。

「粋」で「いなせ」で「うがち」が得意な通人

京伝は〝早熟の天才〟だった。18歳でまず挿絵画家としてデビューし、北尾政演と名乗ったかと思えば、25歳のときには戯作者・挿絵画家の両方をやってのけた黄表紙『江戸《えど》生艶気樺焼《うまれうわきのかばやき》』で大ヒットをかっ飛ばし、今日の国語の教科書にも取り上げられている。

同書は、「江戸っ子は、宵越《よいご》しの金はもたねえ」などと気取る自惚れの強い二十歳《はたち》前後の主人公仇気屋艶二郎《あだきやえんじろう》を面白おかしく描いた作品で、絵の空白の部分に綴られた原文は総平仮名だが、後世の人には読みづらいので漢字交じりの旧字に変えて読みやすくした。

こんな出だしである。

「こゝに、百万両分限《ぶんげん》（百万長者）と呼ばれたる仇気屋の一人息子を艶二郎とて、年も十九や二十歳という年頃なりしが、『貧《ひん》の病《やまい》は苦にならず、ほかの病のなかれかし』という身なれども、生徳《しょうとく》浮気なことを好み、新内節《しんないぶし》（浄瑠璃節の一種）の正本《しょうほん》（曲譜と詞章を載せた本）なぞを見て、玉木屋伊太八《たまきやいたはち》（遊女との情死する新内節の主人公）・浮世猪之介《うきよいのすけ》が身の上を羨ましく思い、このような浮気な浮名の立つ仕打ち（やり方）もあらば、ゆく〳〵《ゆく》は命もすてようと、ばからしき事を心がけ、命がけの思い付《つき》しける」

山東京伝という筆名は、「江戸城紅葉山の東にあたる京橋に住む伝蔵（本名）だから」としており、実にわかりやすい。こういう人を食ったような洒落を、まじめな顔をしてかますのも、江戸っ子の心意気といってよいだろうが、大事なのは、その本を世に出したのが蔦重だったということだ。蔦重は「粋」で「いなせ」で「うがち」を地で行く「通《つう》」な江戸っ子を象徴する男という言い方もできるのである。

粋とは、野暮《やぼ》や無粋《ぶすい》の反対で、意気から転じたとされ、人情に通じて気風がよく、ものわかりがよくて、さばけていることをいう。

初めて吉原へ行くと、「初回」ということで「引付《ひきつけ》座敷」へ通され、遊女との面通しの儀式「引付の式」が行われる。2回目にその子を指名すれば、「裏を返す」と呼ぶ応対を受けるが、話をして終わりだ。3回通って初めて「三会目《さんかいめ》」と称する儀式となり、客は「祝儀」を出し、遊女は客に「新しい箸」を渡し、そこでようやく「馴染み」の客として認められ、遊女が承知すれば床入りとなる。こうした一連の作法を「粋」といい、そういう生き方が求められる花柳界を「粋筋」といっている。

いなせを漢字にすると「鯔背」である。鯔は魚のボラのことだ。魚河岸の意気で侠気のある若者が鯔の背のような平ったくつぶした髪型の「鯔背髷《いなせまげ》」を結ったのが起源とされる。威勢がよく、気風がさっぱりした正義感の強い若者のことを「いなせ」と呼んだ。どういう人物かを時代劇映画やドラマでいうと、〝天下のご意見番〟大久保彦左衛門にかわいがられ、彦左衛門を助けて大活躍する魚屋の「一心太助《いっしんたすけ》」がそれである。

うがちとは、今日でも「うがった見方をする」といった使われ方をするその「うがち」で、漢字を使うと「穿ち」だ。一般にはほとんど知られていない出来事に穴をあけて、その裏にひそむ真実の姿を鋭く指摘したり、表面的にはよくわからない人情の機微を白日のもとにさらけ出したりすることを「うがち」といい、そこには風刺、あてこすり、皮肉が込められ、江戸中期以降の戯作には欠かせない重要な表現技巧の1つとされた。

通は、今でもよく使う言葉で「その道に通じている」というときの「通」だが、多少ニュアンスが異なる。江戸時代の通は、これも野暮の反対で、人情にさとく、なかでも花柳界の事情に精通した者を「通人」といい、その尺度を超越して豪遊しまくった札差のような大尽《だいじん》を「十八大通人」と呼んだのである。

1929（昭和4）年初版発行『日本風俗史講座』（雄山閣）に「通」のおもしろい定義が載っていたので以下に引用し、興味ある読者の参考に供したい。

――「通」とは朝湯がへりの美人のやうに、意氣で高尚《かうき》でさらりとして、洒落で、淡白で、軽快で、垢ぬけがして、物にこだはることなく、萬事を程々に始末し、頓智頓才《とんちとんさい》に富んでいつでも伸びやかな気分をいふ。

80代まで生きた〝文壇の巨匠〟と〝画壇の巨匠〟

話を馬琴に戻すと、好きな物書きの道に頭を突っ込んだものの、その頃は作家だけで食べていける者など一人もいない時代だったので、生活を心配した京伝が親しかった蔦重に頼んで、経営する本屋「耕書堂《こうしょどう》」の住み込み番頭にしてもらった。馬琴24歳のときの出来事で、1年間の居候生活を送るのである。

蔦重のところには、のちに歌麿も居候したり、戯作者、狂歌師、絵描き、役者など雑多な文化人が入れ替わり立ち出入りして、さながら梁山泊《りょうざんぱく》の様相を呈していた。

蔦重は、京伝に輪をかけたように面倒見がよく、番頭として迎え入れた馬琴にその翌年には結婚相手まで世話をした。九段飯田町の下駄屋「伊勢屋」（伊勢屋清右衛門）のお百《ひゃく》という娘のところへ馬琴を婿入りさせ、安心して執筆できる環境を整えてやったのだから、お百が未亡人で3つも年上であっても文句をいえた義理ではなく、「蔦重様様《さまさま》」といったところか。

しかし残念なことに、蔦重は短命だった。48歳の若さでこの世を去っている。したがって蔦重は、馬琴がライフワークとなる『南総里見八犬伝』の執筆に着手したことも知らなければ、失明と格闘しながらついに完成までこぎつけたことなど、何ひとつ知らずに、あの世へ旅立ったのである。

人の寿命ほどわからないものはない。馬琴は蔦重より17歳も年下なのに、蔦重より34年も長生きをして82歳で大往生を遂げるのだから。

蔦重は、〝画狂人〟葛飾北斎とも関わりがあった。北斎は馬琴と同じ1849（嘉永2）年に没したが、年齢は馬琴より7歳年長で、蔦重より10歳上なので享年90。蔦重より40歳以上長生きして死ぬまで絵筆を離さなかったという伝説が残る御仁だった。

死んだ長男の嫁が口述筆記

馬琴は武士の端くれだった。父は滝沢興義《おきよし》といい、1000石取りの旗本松平信成《のぶなり》の用《よう》人《にん》で、馬琴はその五男だが、下級武士の暮らしが好きになれず、放浪生活を送る。しかし、「戯作者になって、物の本を書きたい」という夢を諦めきれず、前述したように、24歳のときに酒樽を手土産代わりに担いで流行作家の山東京伝を訪ね、通いの弟子扱いとなったのだった。

馬琴には並外れた才能があり、入門翌年の1791（寛政3）年には、早くも京伝門人大栄山人《だいえいさんじん》の筆名で『盡用而二分狂言《つかいはたしてにぶきょうげん》』を上梓する。壬生《みぶ》狂言に材をとったこの作品が馬琴の処女作で、主人公の名は「馬《ば》きん」。その「馬きん」の「きん」を漢字に改め、曲亭馬琴の筆名で出版する最初は、その2年後、『高尾船字文《たかおせんじもん》』という読本《よみほん》で、27歳のときの作品になる。

曲亭は中国の山の名で、それまで俳号として使っていたのを転用したもので、馬琴は小野篁《おののたかむら》の「卿《きょう》に非《あら》ずして琴を弾くとも能《あた》はじ」に拠《よ》ったとしている。

卿とは馬卿で、司馬相如《しばしょうじょ》（前漢の武帝に仕えた文人で、『史記』の列伝にも登場）のことだ。

馬琴と妻のお百《ひゃく》の間には一男三女が生まれ、後年、馬琴が失明して執筆できなくなると、長男鎮五郎《しずごろう》（のち宗伯興継《そうはくおきつぐ》）を相手に口述筆記を開始し、彼が39歳で死ぬと、寡婦となった土岐村路《ときむらみち》が後を継ぐ。馬琴が何かにつけて「お路」「お路」と呼んで頼りにした彼女がいなかったら、『南総里見八犬伝』は最終巻までいったかどうかわからない。それくらい、お路は馬琴に尽くしたのである。

お路は、紀州藩家老（三浦長門守）の医師をしている土岐村元立《げんりゅう》の次女だったから、子どもの頃から習い事をして教養あふれる知的な女性に育っていたが、それでも馬琴の口からは聞いたこともないような難解な言葉が続出するので、漢文・漢字をずいぶん勉強したと、のちに述懐している。「内助の功」という言葉があるが、彼女はその域をはるかに超えていた。

そのおかげで、馬琴は、ライフワークの『南総里見八犬伝』を48歳だった１８１４（文化11）年から76歳になった１８４２（天保13）年まで、実に28年間もの歳月をかけて、日本の古典文学史最長となる大伝奇小説を完結させることができたのだ。彼女は、１８４８（嘉永元）年に馬琴を見送った10年後の１８５８（安政5）年に53歳で死去した。

新ジャンル仕掛人

辰《たつ》 黄表紙で大躍進

洒落本にしろ滑稽本にしろ狂歌にしろ、吉原の遊郭や芝居町で演じられる歌舞伎や浄瑠璃を抜きにしては存在しえず、吉原で生まれ育った蔦重には大きなアドバンテージがあった。蔦重31歳は大手版元が並ぶ日本橋通油町に進出、「黄表紙」で大躍進を遂げる。

遊郭と芝居小屋は「2大悪所」

江戸の人々は、蔦重が生まれ育った吉原を、芝居町《しばいまち》と並ぶ「悪所」と呼んでいた。

「火事と喧嘩は江戸の華」などという表現も江戸文化の一端だが、吉原と芝居町の〝2大悪所〟を抜きにして江戸文化は語れない。蔦重や山東京伝、歌麿といった人々の言動や作品を理解するには、当時のそうした風俗や人々の考え方を理解する必要があろう。

というわけで、まずは吉原のお話から始め、芝居町の方は追って説明したい。

ここまでお読みいただいて、「吉原」と「新吉原」という表現があることにすでにお気づきになった方もおられようが、最初にあった場所が「吉原」で、そこが「明暦の大火」によって焼失したのに伴って別の場所に移った先を「新吉原」と呼んで区別していたのだが、いちいち「新」をつけるのは面倒だということで、新吉原を「吉原」と呼ぶようになったのである。

旧吉原（元吉原）は、徳川家康が没した2年後の1618（元和4）年に日本橋人形町に開設された。地名を「吉原」としたのは、そのあたり一面に葭《よし》が生い茂る原っぱだったからだ。葭は葦《あし》ともいうが、「悪《あ》し」より「好《よ》し」「吉《よし》」に通じる葭が好まれた。

明暦の大火は、1657（明暦3）年1月18日に本郷丸山の本妙寺で出火し、江戸城の天守閣を焼失させ、江戸市街の大半を焼き尽くして死者10万人超を出した人災だが、施餓《せが》鬼《き》を描いた振袖が火元とされることから「振袖火事」とも呼ばれた。

この大火で吉原も焦土と化し、業者は焼け跡に仮小屋を建てて商売を続けたが、幕府から待ったがかかった。

「それはならぬ。本所か浅草千束《せんぞく》か、いずれかを選んで移築せよ」

そういう経緯があって転居先に選ばれたのが浅草で、そこを「新吉原」と名づけたのである。引っ越しまでの間、遊女たちは山谷の仮宅《かりたく》へ移された。その数ざっと3000人で、この数は川柳にも出てくる。

いよ紀の国屋と三千人でほめ

「いよ」というのは、今日の「いよっ」という掛け声である。「紀の国屋」は、紀文《きぶん》こと紀伊国屋文左衛門《きのくにやぶんざえもん》（1669〈寛文9〉~1734〈享保19〉年）で、ミカン船で大儲けした〝成金商人〟で、吉原を連日借り切ってドンチャン騒ぎをし、小判をばらまいて遊女たちに拾わせたという逸話が残っており、そのことをおちょくっているのだ。

では、3000人は何を意味するのだろうか。吉原遊郭にいた遊女の数である。内閣府の資料によれば、明暦3年の江戸の人口は武士が50万人、町人が約28万人で、総人口は80万人弱だから、ずいぶんたくさんの遊女がいたことになる。

家康が1590（天正18）年に江戸に入った当初の城下は、今では想像がつかないくらい殺風景で、八重洲河岸と麹町の一部に茅葺きの家が100軒くらいしかなかったというから、50数年で江戸は様がわりと相成ったのである。

繁栄も繁栄、大繁栄となった江戸は、文句なしに家康の政治手腕だが、加えて未開発の関東に家康を配置した秀吉の慧眼も評価してよいかもしれない。

吉原の創建者は一介の素浪人

新吉原には遊女屋200戸のほか、揚屋《あげや》（高級遊女を招いて遊ばせる店）などが新築され、火災から7ヵ月後の8月14日にはすべて転居が済み、営業を再開したのだが、それは蔦重が生まれる93年も前の出来事だから、当時の光景を目にした者などおらず、語り継がれた伝聞や物の本で得た知識をもとに想像をたくましくするのが関の山だったろう。

『鬼平犯科帳』『剣客商売』などで知られる時代小説家池波正太郎は、浅草聖天町《しょうでんちょう》で1923（大正12）年に生まれ、7歳のときに同じ浅草の永住町《ながずみちょう》の祖父母の家に移り住んだこともあり、吉原（元吉原）・新吉原にも詳しく、『江戸古地図散歩　回想の下町』にこんな一文を記している。

「吉原の遊里が、浅草の外れに移されるまで、これも葺屋町《ふきやまち》にあった。いまの人形町の交差点の北東一帯が〔元吉原〕だったのである。

それまでの江戸は、開府以来三十年にもならず、遊女町も諸方に点在していたのを、庄司甚右衛門という浪人が、幕府の許可を得て、いちめんの葭原《よしはら》だった土地をもらい、江戸の遊女町を一つにまとめ、これを〔吉原〕となづけ、周囲に塀をめぐらし、出入りの大門はただ一つにし、その門の傍に番所をもうけ、遊所としての規律をととのえた。

こうして、一時は芝居町と廓がとなり合わせていたのだから、このあたりの風俗も、おのずから他の町とはちがってくる」

この文中にあるように、吉原という一大遊郭を構想し、実現させたのは江戸幕府ではなく、今でいう起業家。庄司甚右衛門（1575〈天正3〉～1644〈正保元〉年）という一介の素浪人だったのである。甚右衛門は、蔦重が生まれる106年も前に死んでいるから、当然、2人に面識はなかった。

「葭原《よしわら》」を同じ読み方の「吉原」と改めるのは縁起を担ぐからで、「替字《かえじ》」とか「吉字《きちじ》」といって昔も今も行われていることで、とりたてて珍しいことではないのである。

維新後も日本文化に影響を与え続けた吉原遊郭

吉原が誕生するまでを、もう少し詳しく説明しておこう。

甚右衛門は、1612（慶長17）年のある日、町奉行に「江戸で犯罪が多発するのは、公認の遊郭がないからだ」と訴えた。すると、町奉行が「ならば、申請書を出せ」と応じたので、そのようにするが、すぐには許可はおりない。5年後にようやく認可され、遊郭設立の実現にこぎつけるのだから、相当な粘り腰、根性の人である。

その翌年に日本橋人形町にできた吉原に集められたのは、江戸市中のあちこちで働いていた遊女たちで、どの町に移ったかで出身地がわかるようになっていた。江戸町《ちょう》の遊女は柳橋《やなぎばし》出身、江戸町二丁目と本柳町《ほんやなぎまち》は鎌倉河岸出身、京町《きょうまち》の遊女は麹町《こうじまち》出身、角町《すみちょう》は京橋角町出身といった具合である。

甚右衛門は、吉原町ができると「惣名主《そうなぬし》」を拝命するが、この男、商売上手で、自身も「西田屋」という妓楼《ぎろう》（遊女を置いて客を遊ばせる店）を経営して稼ぎ、死後は子孫が引き継いだのである。

そういう土地に生を受けた蔦重が長じて起業家となったのも、そしてそのきっかけとなる仕事が吉原のガイドブック『吉原細見』だったということも、うがった見方をすれば、甚右衛門と見えな

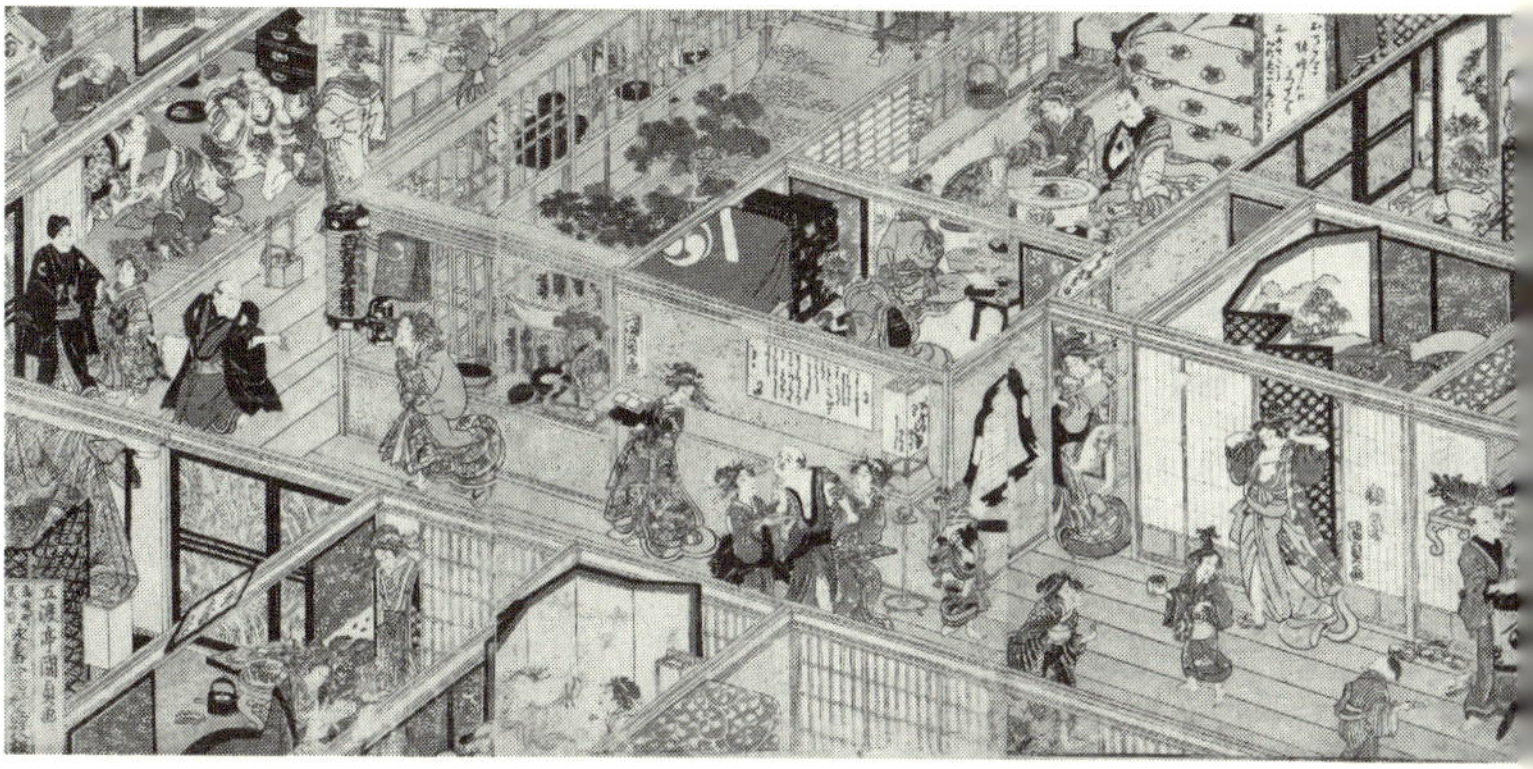

『吉原遊郭娼家之図』に描かれた妓楼の様子（国立国会図書館）

い不思議な糸でつながっていたのかもしれないといえる。

引用ついでにといってては何だが、吉原遊郭に詳しい学術界の権威（田中優子法政大学元総長）の著書からも引くと、

「一八〜一九世紀を通じて文芸ともっとも深く関わったのは、吉原遊郭でした。京都・大坂の遊女に比べても吉原の遊女は贅を尽くし、それが日本橋を中心とする呉服業界の大きな収入源ともなって、経済をまわしていました。

さらに言えば、吉原遊郭があったからこそ、日本でもっとも優れていた吉原の芸者衆が、明治以降の日本文化に大きな影響を与えたのです」（『遊郭と日本人』）

そういうことなので、〝吉原の申し子〟のよう

な蔦重を描くことは、ひいては江戸文化を語るにとどまらず、明治、大正、昭和と続く近代日本の文化を語ることにつながるのである。そして読者諸兄もまた、吉原のことに詳しくなればなるほど、蔦重という稀代の傑物をよく理解できるようになるともいえる。

遊女数の推移はどうなっていたか

遊郭を最初に設けたのは豊臣秀吉で、1585（天正13）年に大坂につくったとされ、吉原ができたのはそれから33年後（江戸幕府の許認可が下りた翌年の1618〈元和4〉年）で、新吉原への移転はそこからさらに39年後（1657〈明暦3〉年）ということになるが、その間の遊女の数の推移はどうだったろうか。

吉原誕生から25年後に書かれた寛永20（1643）年版『色音論《しきおんろん》』には987人とあり、1657（明暦3）年の明暦の大火で新吉原へ引っ越したときは3000人へと激増したが、そこから半世紀後の赤穂浪士の討ち入りがあった元禄15（1703）年版『諸芸太平記』には2000人近かったと記され、大きく減っている。

その後は2000人台で推移したようだが、1782（天明2）年7月に蔦重が発行した『饒《ゆたか》の貢《みつぎ》』と題する『吉原細見』には、吉原の遊女数2912人と記されているが、安政・慶應といった物情騒然たる幕末になると、再び3000人台に急増している。

そのような増減は、なぜ起きたのか。格式に縛られた「公許《こうきょ》」（幕府公認）の吉原よりも、江戸市中のあちこちにある「非公許」（幕府非公認）の岡場所《おかばしょ》の方が気軽に安く遊べるという客が多くなればなるほど、吉原の利用客は減るし、幕府が市中の風俗取り締まりを厳しくすればするほど、吉原の利用客が増えるのは自明の理である。

風俗取り締まりの例では、慶安年間（1648〜1652年）に幕府が〝ソープランドの元祖〟ともいうべき「湯女《ゆな》風呂」を禁止したことなどがある。

江戸の3大改革（享保の改革・寛政の改革・天保の改革）が実施された時期は、凶作、飢饉などと重なっており、生活苦に陥った農民が、娘を泣く泣く吉原や岡場所に身売りしたという例は枚挙にいとまがないことは、説明するまでもなかろう。

31歳（安永9年）で大躍進

蔦重には、大きな野心があった。吉原のガイドブック『吉原細見』を売ったり貸したりする遊郭そばの一書店で終わるつもりはなく、飛躍の機会を窺っていた。それには、黄表紙が最適ではないかと狙いをつけた。そのことにはすでに触れているが、ここではその詳細を述べる。

蔦重が「黄表紙」を発刊する準備にとりかかったのは1780（安永9）年で、31歳になったこの年に蔦重は活動拠点を移す決断をした。吉原遊郭の大門手前にある五十間道から、名だたる大手版元がひしめく日本橋へと進出したのである。「とおりあぶらちょう」と読む日本橋の大通り「通油町」だ。旧店は残し、蔦屋徳三郎（親戚筋か）に任せた。

こうして誕生した「地本問屋耕書堂」は、蔦重の店で番頭として3年余働いたことがある馬琴が『近世物之本江戸作者部類』に書いたように、死ぬまで大繁昌するのである。

「天明時代に通油町にある丸屋（豊仙堂）という地本問屋の店舗と蔵を買い取って開店して以来、蔦重の店は、生涯にわたって繁昌した」（天明中《ちゅう》、通油町《とおりあぶらちょう》なる丸屋《まるや》といふ地本問屋の店庫奥庫を贖《あがな》ひ得て開店せしより其身一期《そのみいちご》繁昌したり）

馬琴が蔦重の店で働くようになったのは、京伝のところへやってきた蔦重が、

「最近、年配の番頭に暇をやったので、誰か代わりのものを探している」

といったことがきっかけだった。

馬琴が番頭をしていた期間は、1790（寛政2）年から3年間ほどである。「寛政5年7月に辞去した」と『吾仏乃記《あがほとけのき》　滝沢馬琴家記《かき》』にある。年齢でいうと、24歳から27

歳までだ。蔦重はというと、通油町に進出して7年後の41歳から44歳までである。

「黄表紙」を仕掛ける

通油町への転居、進出は〝新たな仕掛け〟を考えてのことだった。「黄表紙」の出版に着手し、『竜《たつの》都《みやこ》四《し》国《こく》噂《うわさ》』『廓《くるわの》花《はな》扇《おうぎの》観《かん》世《ぜ》水《みず》』など8点（黄表紙仕立ての咄本《はなしほん》を含めると10点）を刊行したのである。このことが黄表紙人気に拍車をかける。

黄表紙とは何か。黄表紙は、書いて字の如く「表紙が黄色」だったから付けられた呼称で、それまでの本も表紙の色で赤本、黒本、青本（萌黄色）と呼ばれていたが、それらとは見てくれだけでなく中身も一新されており、それが江戸庶民の心をとらえることになった。

江戸時代の文学史や日本史には「草双紙」という名称が出てくるが、それは何か。江戸時代の中期から後期に江戸で刊行された絵を主体とした簡単な短編の読み物を総称して「草双紙《くさぞうし》」といったのだが、表紙の色によって赤本、黒本、青本、黄表紙と区別して呼んだ。何冊かを合わせた長編物は合巻《ごうかん》と呼ばれた。

草双紙という名称は「漉《すき》返《がえ》し」といわれていた鼠色の再生紙を使っていた関係で、臭気がしたので、「臭双紙」と書く戯作者も少なくなかった。今の人たちには想像もつかないだろうが、昭和の半ばくらいまで田舎では便所の落とし紙として鼠色の紙を使っていたから、そういう経験のある人なら、どんな臭いなのか想像がつくかもしれない。

当時は、本の1枚1枚を今日のように「ページ」とは呼ばず、見開きを「丁《ちょう》」といっており、たとえば赤本は、8代将軍吉宗の治下の享保年間（1716〜1736年）に出版された子ども向けの5丁（10ページ）物の絵本だった。

黒本・青本は赤本より内容が複雑になり、説明文も細かくなって、延享・宝暦年間（1744〜1764年）に登場した。それらは子ども向けだったが、黄表紙はタテ18センチ×ヨコ13センチの「絵入り小型本」として大人向けに登場したという違いがある。

〃究極の見栄っぱり〃を描いた『金々先生栄華夢』

「黄表紙」が初めて登場したのは1775（安永4）年である。恋川春町が文と画の両方を1人で書いた『金々先生栄華夢《きんきんせんせいえいがのゆめ》』が、それだ。『南総里見八犬伝』の箇所にも示したように、以後、黄表紙は1806（文化3）年の式亭三馬の『雷《いかずち》太郎《たろう》強悪物語《ごうあくものがたり》』（10巻／歌川豊国画）まで31年間も存続、その間の発行総数は2000種を超えるといわれている。

『金々先生栄華夢』は、文学史上、特記されるべき作品の1つである。丁数《ちょうすう》は、上下2冊で10丁（20ページ）。今日の感覚からすれば「短編」の部類だが、当時の人たちにとっては、それくらいがちょうどよい長さだったのだ。

黄表紙の先駆けとされる恋川春町作『金々先生栄華夢』（国立国会図書館）

　金々先生というのは、主人公が金村屋金兵衛《かねむらやきんべえ》という姓名であるだけでなく、当時の流行語の一つで、似合ってもいないのに流行の最先端を行くキンキラキンの服装や髪型にして気取った〝トッポイ男〟のことをいった。今風にいえば、〝江戸版金ぴか先生〟といったところか。たとえば、金々先生が3人の供《とも》の者（手代の源四郎、たいこ持ちの万八、座頭の五市）を引き連れて日本堤《づつみ》を吉原へと向かっている場面の挿絵では、恋川春町は万八に次のように囃《はや》し立てさせている。

「だんなのおすがた、どうもいえませぬ。すごい、ひょうびょう」

ひょうびょうは、「ようよう」とか「ひゅーひゅー」といった類いの冷やかし半分の囃し言葉である。どんな格好だったかは挿絵からわかるが、一言でいうと、〝究極の見栄っぱり〟。「バカじゃなかろか」としかいえない異様な身なりだ。当人はキンキラキンにさりげなく装ったつもりでいるところが滑稽きわまりなく、そこが読者の笑いを誘った。

春町は、文章ではこんな風に述べている。

「金々先生の出《いで》たち、八丈八端《はちじょうはったん》の羽織、縞ちりめんの小そで、役者染《やくしゃぞめ》の下着、亀屋頭巾《かめやずきん》に目ばかりいだし、人目をすこし忍びけり」

八丈島産出の絹の黒染めの渋みを利かせた高級羽織に縮緬《ちりめん》の絹の着物、しかも人気役者が着て流行した独特の文様をつけた下着をはき、有名人気取りで頭巾までかぶって顔を隠し、文章にはないが、挿絵では細身の脇差を落とし差しにしている。

恋川春町の「画文二刀流」で蔦重覚醒

鱗形屋孫兵衛が刊行した恋川春町の『金々先生栄華夢』の着想は、別段、新しいものではなく、唐の時代の中国伝来のいわゆる「邯鄲《かんたん》の夢」「盧生一炊《ろせいいっすい》の夢」「黄粱《こうりょう》の夢」などといわれる故事に拠った話で、過去に黒本や青本が取り上げているが、春町が描く主人公の間抜けな言動のドジぶりがおもしろく、それまでの黒本や青本にはなかった斬新さで庶民の心を鷲づかみにしたのである。

蔦重は、その書名をめくった最初のページに、それまでの黒本や青本にはなかった「序」があるのを一目見て、閃いた。「この本は売れる。これからは、この路線だ！」と。そして、「文《ぶん》に曰く、浮世《ふせい》は夢の如し。歓《よろこび》をなす事《こと》いくばくぞやと。誠にしかり。金々先生の一生の栄花《えいが》も邯鄲《かんたん》のまくらの夢も、ともに粟粒一《ぞくりゅういっ》すい（一炊《いっすい》と一睡《いっすい》を掛けている）の如し」で始まる恋川春町が書いた「序」を一読するや、その閃きが確信に変わった。

さらに恋町は、次のように続けていた。

「金々先生は何人《なんびと》ということを知らず。おもうに古今三鳥《こきんさんちょう》（古今集の正体不明の秘伝「三鳥」）の伝授の如し。金ある者は金々先生となり、金なき者はゆうでく頓直《とんちき》（田舎者で間抜けで通人ぶった半可通《はんかつう》）となる。さすれば金々先生は一人の名にして壱人《いちにん》の名にあらず。神銭論（金銭を貴ぶ俗人の愚かさを皮肉った中国晋《しん》の魯褒《ろほう》の著『銭神論』のもじり）にいわゆる、是《これ》を得るものは前にたち、これを失うものは後にたつと。それ是、これを言うかと云々」

恋町は、読者に「金々先生は、君のまわりにもいるはずだ」と語りかけたのだ。

「金々先生にモデルがあるわけではなく、田舎者でも金のある者は誰でも金々先生になる可能性があるし、金のない者は通人ぶった間抜けになって田舎でくすぶり続ける可能性がある。つまり、金々先生は1人の愛称ではあって、1人の愛称ではないのだ」

文末には、文画ともに春町の作であることを示す「画工　恋川春町戯作」とあり、印が押してある。

蔦重は、恋町の序に何度も目を通しながら、「作者も版元も、ただ読者を満足させればいいのではなく、『こんな奴、俺のまわりにもいるぞ。あいつとあいつだ』などと反応させるような内容にすることが重要なのだ」と悟ったのである。

現代人でもスラスラ読める文章の魅力

蔦重に大きな影響を与えた『金々先生栄華夢』のストーリーである。

「今はむかし、かたいなかに金むらや金兵衛というものありけり」で始まる本文は、わかりやすい言葉で綴られ、粟餅《あわもち》屋で餅ができるのを待つ間に横になって夢を見る場面では、漫画のような大きな吹き出しを設けて、そこに夢のなかの情景を描くなど、工夫してあり、絵も魅力的だった。

片田舎に住む貧しい金むらや金兵衛だったが、あるとき、江戸へ出て奉公して金を稼いで思うままに浮世を楽しもうと思い立ち、江戸へ向けて旅立ったのはよかったが、目黒不動尊が運の神様だから参詣したところ、空腹を覚え、名題の粟餅を食べようと「名物　本粟餅」という立体看板と「むさ志《し》や」という暖簾《のれん》がかかっている店に入った。

今から250年も昔に書かれた古文ではあるが、現代人が読んでもわかるような平易な文章なので、読者諸兄も「江戸時代の人たちは、こんな本に熱狂したのか」と思いながら一緒に楽しんでほしい。こんな感じだ。

「金兵衛空腹のあまり、粟餅やの奥座敷へ通りけるに、折しも粟餅はまだでき合せず、しばし待ちいるそのうちに、旅のつかれにや、すこしねむけきざしけるまま、そばにありあう枕引きよせ、すやすや思わずまどろみける夢に、いずくともなく宝泉寺《ほうせんじ》の御免駕籠《ごめんかご》（大名や豪商が乗る最高級の豪華な駕籠）をつらせ、黒鴨《くろかも》じたての草履取《ぞうりとり》（黒鴨のような黒ずくめの服装の下男）、十壹二《じゅういちに》の小僧、其《その》ほか手代《てだい》、番頭おびただしくめしつれ、先に進みたる年《とし》ばい（年配）の男、上下《かみしも》（裃）のひだをただし、威儀をつくろい申しけるは、『そもそもわれわれは、神田の八丁堀《はっちょうぼり》に年《とし》久しくすまいいたす和泉《いずみ》や清三《せいざ》（酒の隠語で、酒屋の主人であると暗示）と申す者の家来なり（中略）ねがわくは主人ぶんずい（和泉屋清三の隠居後の名だが、これも酒の隠語）の望《のぞみ》にまかせ給え』と、むり（に）かの宝泉寺駕籠にうちのせ、いずくともなく伴《ともな》いゆくこそ不思議なる」

吹き出しのなかには、夢に出てきた籠をかついで迎えにきた絵が描かれ、その空白の個所に以上の文字が書かれているのも斬新だった。

ラストも印象的に

大豪邸に迎えられた金兵衛が老翁清三の跡取りにされる場面は、こう書いている。

「金兵衛にわが名をゆずり、和泉や清三とあらためさせ、七珍万宝《しっちんまんぼう》ことごとくゆずり、天の濃漿《こんず》（米の煮汁）ともいうべきほどの酒をいだし、親子・主従の祝儀の酒宴をはじめける」

金々先生の由来についても、次のように綴っている。

「金兵衛家督をつぎてより、なに不足もなければ、だんだんおごり長じ、日夜酒宴をのみ事となし、むかしの姿は引かえて、いまはあたまも中剃りを鬢のあたりまでそり、かみの毛をばねずみ尻尾くらいにして本多（〝徳川四天王〟本多忠勝に始まる流行の髪型「本多髷《まげ》」）に結い、きものは黒羽二重《くろはぶたえ》（礼装・晴着用の高級絹織物）ずくめ、帯はびろうどまたは博多織（博多産の絹織物）、風通《ふうつう》もうる（インド産の織物）などと出かけ、あらゆる当世のしゃれをつくせば、類は友をもって集まる習いにて、手代の源四郎、たいこ持《もち》の万八、座頭の五市など、心をあわせ、ここをせんど（勝負するのは今しかない）とそそのかしける。

そのむかし金むら金兵衛なれば、その名をとりて諸人金々先生ともてはやしける」

羽振りのよかった金々先生だったが、「所々にて大きくはめられ（騙され）、今はもはや光もうせはて、日ごろ這いかがみし者も、知らぬふりにてよりつかず」と相成った。

それでも金々先生は、顔を頭巾で隠し、ももひきに尻ばしょりという情けない格好で、夜な夜な品川の宿場女郎を買いに出かけるのだった。

そんな乱れきった情けない生活をしていたので、父清三にも愛想をつかされ、昔の髪型や服装に戻されて、追い出された。

恋川春町は、元の木阿弥《もくあみ》となった金々先生の様子を次のように描写した。

「途方にくれてなげきいけるが、粟餅《あわもち》の杵《きね》の音におどろき、おきあがって見れば一《いっ》すいの夢にして、あつらえの粟餅いまだできあがらず。よって金兵衛横手うち、『われ夢にぶんずいの子となりて、栄花をきわめしも、すでに三十年、さすれば人間一生のたのしみもわずかに粟餅一臼《ひとうす》のうちの如し』とはじめてさとり、これよりすぐに在所に引きこみける」

物語は、これで終わりではなく、店の女が登場するオチをつけておしまいとなる。

「(女)『もしもし、餅ができました』」

このせりふを最後に一行加えただけで、読後感に大きな差が生じる。

黄表紙の次は「狂歌」ブームの仕掛人

1780(安永9)年以後、蔦重の刊行点数がどう推移したかについても言及したい。

安永9年15点、安永10年＝天明元年11点、天明2年14点

明らかにビジネスの規模が拡大飛躍し、しかも経営的にも安定したことがこれらの数字から伝わってくる。その原動力・起爆剤となったのは、蔦重が創案し、1780(安永9)年に仕掛けた「黄表紙」という新ジャンルの戯作群だった。

〝黄表紙元年〟という新時代を創ったその年に蔦重が放った黄表紙は、次のようなラインナップである。

①『竜都四国噂《たつのみやこしこくうわさ》』(中本3巻3冊)、②『鐘入七人化粧《かねいりしちにんけしょう》』(中本3冊袋入り)、③『夜中狐物《よなかこんなもの》』(中本2巻2冊)、④『通者云此事《つうとはこのこと》』(中本3巻3冊)、⑤『威気千代牟物語《いきちよんものがたり》』(中本2巻2冊)、⑥『虚言八百万八伝《うそはっぴゃくまんはちでん》』(中本3巻3冊)、⑦『見立蓬莱《みたてほうらい》』(中本2巻2冊)

この年に刊行した15冊のうち9冊が黄表紙で、これら以外にも黄表紙仕立ての咄本も2冊発表しており、以後も5冊、翌々年は6冊と、続々と黄表紙物を世に送り出して世間の喝采を浴びるのだが、そんな程度で驚いてはいけない。黄表紙を起爆剤とした耕書堂の発行点数は、さらに爆発的に増加し続けるのである。理解しやすいように元号で示そう。

天明3年22点（うち7点）、天明4年27点（9点+黄表紙仕立ての狂歌本5点）、天明5年38点（23点）、天明6年29点（10点+黄表紙仕立ての咄本5点）、天明7年35点（7点）

以上の推移から、天明3年以後、業容が一変したことが見てとれる。発刊点数はそれ以前の10点台から20点台へと躍進し、天明5年には40点近くまで急伸している。

天明3年は1783年、蔦重は34歳である。「その年、何があったのか？　蔦重は何を仕掛けたのだろう」と気にかかる。

その答えを先にいってしまうと、江戸で狂歌が人気になったのだが、蔦重はその人気に目をつけて「狂歌本」を次々と発刊したことでファン層が爆発的に増え、空前絶後の「天明狂歌」と呼ばれる未曽有の狂歌ブームを演出したのである。ブームの詳細は後述する。

催事仕掛人《イベントプランナー》

巳《み》

空前絶後の狂歌ブームを演出

〝天明狂歌ブーム〟は江戸中期の田沼時代に起きた。その熱狂ぶりがサイケデリックな〝昭和元禄〟やミニスカ娘がディスコで踊り狂う〝昭和バブル〟と決定的に違っていたのは、ブームの主体が中高年層だった点と大飢饉で「打ちこわし」が起きた点だった。

田沼時代と蔦重

蔦重が生きた江戸中期に限らず、いつの時代にもいえるのは、「政治に左右されない文化はない」ということだ。では、蔦重が活躍した時代は、どういう時代だったのだろう。その話に入ろう。蔦重が物心がついた頃、幕閣の最高位「老中」として権力を握っていた人物は、8代将軍吉宗と同じ紀州藩出身の田沼意次《たぬまおきつぐ》である。

吉宗の後を継いだ将軍が9代・10代と続いて凡庸だったこともあって、意次に権力が集中した。蔦重にしろ、京伝にしろ、馬琴にしろ、歌麿にしろ、写楽にしろ、当時の文化を創ったクリエーターたちは、例外なく、田沼意次の政治体制の影響を受けた。

田沼家は代々、紀州藩の足軽。武士の階級では軽輩に属する低い身分の家柄だったが、意次の父意行《おきゆき》の時代に突然、〝運命〟が激変。藩主が将軍に選出され、幕臣となった。その藩主が吉宗で、8代将軍になるのは1716（享保元）年である。

そんな田沼家に〝運命の子〟意次が生まれるのは、その3年後である。意次は17歳になると、将軍の世子《せいし》（世継《よつぎ》）徳川家重の小姓となり、江戸城の西の丸に移ることになる。そして家重が1745（延享2）年に9代将軍になると、意次は本丸に移り、そこから出世双六《すごろく》がスタートする。21歳で御小姓組番頭格、30歳で御小姓組番頭に昇進。蔦重が生まれたのは、その2年後の1750（寛延3）年である。

意次の昇進は続き、33歳で御側衆、1758（宝暦8）年に40歳を迎えると、とうとう大名になった。遠江国《とおとうみのくに》（静岡県）の相良《さがら》藩1万石の大名である。

蔦重はというと、そのときは9歳だから、大人たちの会話を盗み聞き、詳細まではわからないまでも、飛ぶ鳥落とす勢いの田沼意次の名前は何度も耳にしたに違いない。

蔦重は、7歳のときに両親が離婚し、吉原遊郭にある引手茶屋の一軒を営む親戚の家に養子としてもらわれていたから、世間一般の同年代の子どもとは比べものにならないくらい大人びていたであろうことは想像に難くない。

世にいう「田沼時代」の始まりは、今日では意次が49歳で側用人として起用されたときからとし、5年後に54歳で老中に就任して全盛を極め、68歳で失脚したときをもって終わりとする。つまり、1767（明和4）年から1786（天明6）年までの19年間とするのが一般的である。蔦重の年齢でいうと、18歳から37歳までの青壮年期が「田沼時代」だ。

重商主義が産んだ賄賂政治

「越後屋、おぬしも悪よのう」

テレビの時代劇ドラマで、悪徳商人の越後屋から賄賂を受け取った悪代官がにんまり笑っていう、このセリフは今ではすっかり全国区となった感があるが、そういうことが日常茶飯のように横行していたのが田沼時代である。

ただし、〝重商主義のマイナスの側面〟である賄賂ばかりが面白おかしく強調されるあまり、税収を上げるための経済活性策として田沼意次が実施した印旛沼の干拓、蝦夷地の開発、蘭学の奨励といった〝重商主義のプラスの側面〟に目が向けられなかったことから、〝田沼時代＝賄賂政治〟と決めつける偏った見方が浸透したきらいがある。

そうした描き方につながるのが、意次が商人に「株仲間」と呼ぶ同業組合を結成させ、営業許可を与えたり、仕入れや販売の独占特権を与えたりする代わりに「冥加金《みょうがきん》」と呼ぶ税を上納させるというシステムだった。

その冥加金に上乗せすることで許認可の権限を持った役人たちの覚えをめでたくして、営業特権を手に入れようと目論む商人も当然現れ、逆に許認可を与える見返りに商人らに公然と賄賂を求める権力者も出現したろうから、そういう不正を行う連中を象徴的にわざとらしく面白おかしく描いたのが、テレビドラマの「おぬしも悪よのう」だったのである。

意次が推進した〝重商主義〟は、1786（天明6）年に失脚するまで続く。意次に代わって新たに老中に就任した松平定信が〝重農主義〟という地味な政策に切り替え、「倹約令」を敷いたので、意次の重商主義の金権政治的な面がよけい目立つことになった。

戯作は「風刺とパロディ」が命

山東京伝は、時事問題に敏感なだけでなく、それをパロディ仕立てにした戯作に抜群の才能を発揮し、読者を急速に増やしていった。

馬琴は、京伝公認の直弟子として、京伝がどうやって発想し、どのようにして戯作の文と画に仕立て上げていくかをすぐ近くでつぶさに観察していた。

パロディは、何をもじったかを読者がとっさにわかり、思わずにんまりする仕掛けが大事だ。その点、京伝は心得たもので、恋町とは違う「連想」という仕掛けで読者の反応を計算に入れる才があった。たとえば1784（天明4）年に発表した自作・自画の黄表紙『天慶和句文《てんけいわくもん》』は、書名からして『天経或問《てんけいわくもん》』という天文学書のもじりだった。

『天経或問』を書いたのは明末から清初にかけて活躍した中国人游子六《ゆうしろく》で、日本へは家綱・綱吉の時代に当たる延宝年間（1673〜1681年）に輸入されたようだが、西洋の暦を使った記述があったことからキリスト教関係の書とみなされ、幕府が1630（寛永7）年に発令した「鎖国令」の適用を受けたために、人目に触れることはなかった。

だが紀州藩の藩主時代の吉宗は、天体に異常なまでの関心を示し、天体観測の機器を自ら考案するほどマニアックだったから、『天経或問』をこっそり入手して熟読し、悦に入っていた。〝暴れん坊将軍〟には、そのような一面もあったのだ。

その吉宗が8代将軍になったのだから、流れはたちまち一変した。1720（享保5）年には鎖国令を緩和するのである。

浅間山噴火と天体観測

吉宗は学識があったから『天経或問』を漢文のままですらすら読めたが、庶民はそうはいかなかった。すると、訓点を打って読みやすくした本が出版された。鎖国緩和から10年後の1730（享保15）年のことだった。

著者は西川正休《にしかわまさよし》。江戸で天文学を教えていた人物が、『天経或問』に訓点を打って読みやすくし、1730（享保15）年に出版したところ、専門家だけでなく、江戸中期から後期にかけて一般庶民にも広く読まれるようになる。吉宗は、西川を天文方に抜擢、宝暦の暦づくりを命じた。

では、蔦重はどうだったか。前にも書いたが、蔦重は1750（寛延3）年生まれ、京伝は1761（宝暦11）年生まれ、馬琴は1767（明和4）年生まれだから、3人とも本が出版された当時にはまだ生まれておらず、『天経或問』の出版当時のことは伝聞でしか知らなかったが、その本が江戸庶民の間で話題になっていたのである。

というのも、庶民が以前にもまして天体に興味を抱き、天文学書に強い関心を寄せるようになった理由は、安永の終わり頃から天明の初めにかけて続いた異常気象だった。

1782（天明2）年6月　司天台（天文台）、牛込から浅草へ移転
　　　　　　　　7月　大地震（14日夜〜15日朝）
1783（天明3）年2月　大地震
　　　　　　　　7月　浅間山大噴火（4日）
　　　　　　　　8月　満月の皆既月食（15日）
1784（天明4）年正月　京伝作・画『天慶和句文』発売
　　　　　　　　3月　「田沼意知《おきとも》（意次の長男）刃傷事件」勃発

『天慶和句文』は、馬鹿馬鹿しい設定や展開で笑いを誘い、人々の不安を一蹴させようとしたところがミソで、同書の版元は鶴屋喜右衛門だったから蔦重は「してやられた」と悔しがり、京伝を独り占めしたいという思いを強くしたようで、やがて「京伝は蔦屋専属」と思われるようになる。

天明年間は8年で終わり、「寛政」へと元号が変わるのだが、江戸時代最大の飢饉は天明2年から8年にかけておこる。10代将軍家治が発病したのはその間の天明6年の3月24日のことで、病状の不自然さから「毒を盛られたのではないか」と囁かれ、老中首座の田沼意次が罷免されたのはその3日後。家治が死ぬのは月が替わった8月25日だった。11代将軍に選ばれたのは、御三卿「一橋家」から家治の養子になっていた15歳の家斉《いえなり》。

田沼一派に向けられた〝粛清の嵐〟は10月に入っても止む気配はなく、意次の禄2万石と屋敷が召し上げられ、意次の懐刀だった勘定奉行（松本秀持、赤井忠晶）の罷免、吉原の遊女「誰袖《たがそで》」を身請けしていた勘定組頭の土山宗次郎《つちやまそうじろう》の罷免と続くのである。

土山宗次郎と誰袖をモデルにした戯作は、蔦重が1789（寛政元）年にプロデュースし、京伝が『奇事中洲話《きじもなかずばわ》』（3巻3冊）という傑作をものしているが、詳細は後述する。

白河藩主の松平定信が老中筆頭に抜擢されるのは翌1787（天明7）年6月の出来事になるが、その年には度重なる飢饉が原因で大規模な「打ちこわし」が多発し、江戸では1000を超える米屋や豪商が襲撃されて米や金品が奪われるなど、物情騒然とした世の中になっていた。「天明狂歌」と呼ばれて、狂歌史上、空前のブームとなった狂歌の黄金時代が現出した背景には、以上のような人心を不安に陥れる時代展開があったのである。

〝狂歌界の巨人〟に気に入られる

蔦重の飛躍は、「不屈」ともいうべき彼自身の夢と野心もさることながら、新進の企業家にとって重要な出版界の数多くの大物たちに気に入られたことが大きい。

「高き名のひびきは四方《よも》にわきいでて赤良《あから》赤良と子どもまで知る」といわれた〝狂歌界の巨人〟四方赤良《よものあから》との出会いがまずあった。四方赤良という名は知らなくても、「蜀山人《しょくさんじん》」とか「大田南畝」という名に見覚え、聞き覚えのある人は決して少なくはないだろう。いずれも、本名大田覃《ふかし》、通称直次郎のペンネームである。そこで南畝の話を少々——

どうして「南畝」にしたかといえば、筆者は大学生の頃、狂歌師という職業に惑わされて「この大きな田んぼを足で測ると何歩?」という洒落かと思っていたが、とんだ見当違いで、中国の古典『詩経』に拠っていた。狂名のいわれは、小雅《しょうが》「大田」である。

その詩を現代語訳すると、このような内容である。

「広大な田圃《たんぼ》は耕作にふさわしいところが多い。すでに良い種を選んで、耕作の支度をし、必要な道具も揃えてある。大きな鍬《すき》を使って、まず南の方にある田圃をすき返し、そこにたくさんの種を蒔く。それらの穀物の種は、すでにまっすぐに太く大きく成長している。

まさに天子の曾孫（成王）が望み願うように育っている」
原文と読み下し文は、以下のとおり。

大田多稼　既種既戒　大田《たいでん》稼《か》多《おお》し　既《すで》に種《えら》び既《すで》に戒《いまし》め
既備乃事　以我覃耜　既《すで》に備《そな》へ乃《すなは》ち事《こと》す　我《わ》が覃耜《たんし》を以《もっ》て
俶載南畝　播蕨百穀　俶《はじ》めて南畝《なんぼ》に載《こと》す　蕨《そ》の百穀《ひゃくこく》を播《し》く
既庭且碩　曾孫是若　既《すで》に庭《なほ》く且《か》つ碩《おほい》　曾孫《おうそん》に是《こ》れ若《したが》ふ

では、蜀山人の方はどうか。銅の集荷・精錬・取引を統制する大坂の役所「銅座」に赴任したときに、銅山のことを中国では「蜀山」と呼んでいると知ってそう命名したとか。当時の日本は世界最大の銅の産出国で、大坂には住友家が1640（寛永17）年頃に開いた日本最大の銅の精練所（中央区島之内）があったのだ。

一方、四方赤良という狂名は、宝暦頃（1751〜1764年）に江戸で流行った「鯛の味噌酢で四方のあか、のみかけ山の寒鴉」云々という文言から取っており、硬軟剛柔を併せ持つ考え方ができる才人で、師匠は平賀源内。寝惚《ねぼけ》先生、巴人亭《はじんてい》、山手馬鹿人《やまのてのばかひと》（万葉歌人山部赤人《やまべのあかひと》のもじり）、風鈴山人、杏花園《きょうかえん》といったペンネームも持つ戯作者にして狂歌師だが、本業は歴とした幕臣である。赤良は赤人から変えたのだという。

狂歌の歴史

江戸の牛込加賀町《うしごめかがちょう》に1723（享保8）年生まれの幕臣が住んでいた。名前は内山淳時《うちやまじゅんじ》、通称伝蔵で、号は「賀邸《がてい》」「椿軒《ちんけん》」の2つがあった。儒学者でありながら「江戸六歌仙」の1人に数えられる有名な歌人で、近隣の武士の師弟に歌学や国学を教えていたが、権威にこだわらない性格で狂歌も好み、門弟にも勧めるほどだった。

その門弟のなかから、やがて〝天明狂歌の三大家〟と呼ばれる著名狂歌師が誕生し、天明狂歌を主導するようになる。唐衣橘洲《からごろもきつしゅう》、四方赤良《よものあから》（大田南畝）、朱楽菅江《あけらかんこう》である。

同じ幕臣でも身分は異なり、唐衣橘洲は御三卿の「田安家《たやす》」に仕え、四方赤良は徒士組《かちぐみ》、朱楽菅江は先手与力《さきてよりき》だった。徒士組も先手与力も若年寄の支配下にあり、将軍の行列があるときは警護に当たり、普段は番所の警備をした。池波正太郎の時代小説で有名になった長谷川平蔵の「火付盗賊改《ひつけとうぞくあらため》」は先手与力の仕事である。

それはさておき、天明狂歌の指導者となった唐衣橘洲、四方赤良、朱楽菅江の年齢はバラバラで、生年は朱楽菅江が1738（元文3）年、橘洲が1743（寛保3）年、南畝が1749（寛延2）年となっており、菅江と南畝は年齢にひと回り近い開きがあった。

最初に狂歌を始めたのは身分が一番高い橘洲だったが、著書では赤良に先を越される。1767（明和4）年、赤良は19歳で『寝惚《ねぼけ》先生文集』を出版したのである。

それに刺激されたのか、橘洲は、27歳になった2年後の1769（明和6）年に同門の四方赤良、平《へ》秩《ずくり》東作《とうさく》ら数人に声をかけて、自宅で初の「狂歌会」を開いた。これが江戸狂歌の始まりである。そして橘洲は、翌1770（明和7）年には師の内山賀邸《うちやまがてい》（椿軒《ちんけん》）および和歌を習っていた萩原宗固《はぎわらそうこ》（1703〈元禄16〉～1784〈天明4〉年）に判者を依頼し、『明和十五番歌合《うたあわせ》』を開催。これを契機に狂歌に興味を示し、本格的に狂歌づくりに精を出す門弟が増えていく。

狂歌ブーム、仕掛けの発端

狂歌は、万葉集の戯笑歌や古今集の俳諧歌の流れをくむ滑稽な和歌のことで、狂歌という呼称が一般化するのは鎌倉・室町時代だが、当初は歌人の座興として行われ、その場限りのものとされてきたから、1冊の本にして人々に鑑賞させるほど値打ちのある文芸とは誰も思わなかった。

そうした従来の考え方を一蹴し、次から次へと本にする仕掛けをして、「天明狂歌ブーム」へと導いたのが蔦重である。

「江戸狂歌」と呼ばれるものを始めたのは、明和期（江戸中期）の唐衣橘州《からごろもきつしゅう》と数人のグループだった。同好の士が何人か集まって即興で詠んだり、事前につくってあった作品を持ち寄って互いに披露し、意見を言い合う合評会を楽しむもので、当初はそのように部外者の目にふれることのない〝読み捨ての文芸〟だったのである。

それが1782（天明2）年の後半あたりから商人・武士を始めとする幅広い層へと次第に裾野が拡がり、後世、「天明の狂歌」といわれる一大ブームが到来するのである。

同年暮れ、蔦重は、ある仕掛けをした。狂歌界の指導者たちを自宅へ招待後、京町一丁目にある〝吉原の3大妓楼〟の1つ「大文字屋《だいもんじや》」へと繰り出して遊んだのだ。残る2つは「角海老楼《かどえび》」と「稲盛楼」である。それらは妓楼のつくりも規模も別格で「大見世《おおみせ》」と呼ばれた。間口13間（約24メートル）、奥行22間（約40メートル）もの壮大豪奢な2階建ては、「大」の字にふさわしく、それに続くのが「中見世《なか》」、その下が「小見世《こ》」だ。

そのような格式の高い大文字屋を営む村田市兵衛は、初代に見込まれ養子に入った2代目で29歳。狂名は「加保茶元成《かぼちゃのもとなり》」だが、その名の由来は、幼児向けアニメ『それいけ！アンパンマン』に出てくる「かぼちゃん」のような四角い顔ではなく、「頭でっかちで背が低かったからだ」という。市兵衛に限らず、ほかにも顔の特徴をつけた自虐的狂名は多かったのである。

大文字屋へ集まった面々とその職業を見れば、単なる忘年会ではなく、次回作の打ち合わせを兼ねた会合だったと推測できる。その顔ぶれだが、まずは主催者蔦重は版元であり、北尾重政・政演《まさのぶ》（山東京伝）・正美《まさよし》師弟は画工（絵師）である。そして四方赤良（大田南畝）を筆頭に、朱楽菅江《あけらかんこう》、元木網《もとのもくあみ》、唐来参和《とうらいさんな》という指導的地位の狂歌師たち、そして売れっ子の戯作者恋川春町らである。

狂歌人気が爆発するのは、その翌1783（天明3）年。きっかけをつくったのは2冊の狂歌本だった。四方赤良が編纂した『万載《まんざい》狂歌集』と唐衣橘州が編纂した『狂歌若菜集』である。類は友を呼ぶのが人の世の常。吉原遊郭に集まる狂歌師や愛好者たちは、次第にグループを形成、「吉原連《れん》」と呼ばれるようになり、加保茶元成が代表を務めた。

四方連、朱楽《あけら》連のように指導者の名をつけたグループとか、山手連、本町《ほんちょう》連、落栗《おちぐり》連、数寄屋《すきや》連のように地域の名をつけたグループが結成され、全国的に広まっていった。四方赤良と朱楽菅江のグループが一緒になった山手連は武士階級が多く、馬喰町の伯楽《はくらく》連や日本橋本町の本町連には町人（商人）が多かった。伯楽連は四方連とも本町連とも呼ばれることがあり、狂歌界における四方赤良の影響力の大きかったことがうかがえる。

人気の狂歌師が一堂に会した『吉原大通会』。左下が蔦重（国立国会図書館）

吉原の旦那衆も大はしゃぎ

吉原連の幹部の会合は一度ではなく、年明けの正月7日にも行われ、四方赤良を筆頭に、朱楽菅江、元木網《もとのもくあみ》、唐来参和ら主要メンバーが、五明楼《ごみょうろう》扇屋に集合した。その会を催したのは、蔦重と昵懇の「棟上高見《むねあげのたかみ》」という狂名を持つ五明楼扇屋の主人鈴木宇右衛門《うえもん》だった。五明楼は江戸町一丁目に妓楼を構える吉原屈指の大店で、その日は蔦重の誕生日だったからその祝いも兼ねていたのかもしれない。

五明楼の人気花魁といえば、花扇と滝川が有名で、蔦重が1776（安永5）年正月に刊行した『青楼美人合姿鏡』にも描かれており、当日は、当然、同席しただろう。同書の画工は、当時を代表する浮世絵師の北尾重政と勝川春章である。

遊郭には「○○楼」という楼名（店名）がついているが、最初にそうしたのが江戸町の扇屋宇右衛門だった。それ以前はどの店も「△△屋」といった屋号だけで商売していたが、宇右衛門が「五明楼」「五明楼扇屋」と名乗るようになると、他の遊郭も一斉に「右へならえ」をし、「○○楼△△屋」と店名を変えるようになったのである。

宇右衛門は「十八大通」の1人で、五明という楼名は古代中国の聖帝舜《しゅん》にちなむ扇から取るなど学もあり、墨河《ぼくが》という俳号も持っていたが、妻の狂名に平安時代の著名女流歌人赤染右衛門《あかぞめえもん》の名をもじって「垢染衣紋《あかじみえもん》」などとつけるユーモアセンスもあり、1801（享和元）年に58歳で没している。

ふざけた狂名のオンパレード

平秩東作《へずつとうさく》（立松懐之《たてまつかねゆき》）が書いた狂歌師の名寄せ『狂歌師細見』は、「『吉原細見』の絵図になぞらえて歌人の狂名を集めた」と朋誠堂喜三二が序文に記しているように、『吉原細見』のパロディだった。

狂歌を詠《よ》む連中はパロディ精神が旺盛で、バカバカしさを競っては悦に入り、前述した「加保茶元成《かぼちゃのもとなり》」をはじめとして、ふざけたような狂名をつけているところに特徴がある。どんな狂名があったか、面白いものをピックアップしてみよう。

五畳たたみ、大原ざこね、此道《このみち》くらき、歌の親分、蛙面坊懸水《あめんぼうけんすい》、片目あきら、阿那《あな》かしこ、きのままなり、竹杖為軽《たけづえのすがる》、知恵内子《ちえのないし》、大屋裏住《おおやのうらすみ》、夜食《やしょく》かた丸、襖の明立《あけたて》、やはり棟梁、よみ人しれた、独寝《ひとりね》あくび、大根太木《おおねふとき》、花道《はなみち》つらね（市川團十郎の狂名）

……

これらはごく一部だが、説明しなければ令和の時代のペンネームと思われるような命名である。蔦重が1786（天明6）年に刊行した狂歌集『吾妻曲《あずまぶり》狂歌文庫』にも、酒上《さけのうえの》不埒《ふらち》（恋川春町）、門限面倒《もんげんめんどう》、頭光《つむりのひかる》、土師掻安《はじのかきやす》、子子孫彦《このこのまごひこ》、加陪仲塗《かべのなかぬり》、腹唐秋人《はらからのあきんど》、鹿《しか》都部真顔《つべのまがお》、山手白人《やまのてのしろひと》、平秩東作など、滑稽な狂名が並んでいる。

同書は、撰者宿屋飯盛《やどやのめしもり》（石川雅望《まさもち》）・画工北尾政演（山東京伝）のコンビによる百人一首のパロディ本で、別称『天明新鐫《しんせん》五十人一首』。狂歌に作者の肖像画を添えた彩色刷りの絵本である。

この本が好評だったことから、蔦重は翌年、宿屋飯盛・北尾政演の同じコンビで続編ともいうべき『古今狂歌袋』を発刊、こちらは狂歌人を倍増して『天明新鐫百人一首』と角書《つのがき》した。

すぐに本歌が浮かぶものとそうでないものがある。たとえば、〃天明狂歌の四天王〃馬《ば》場金埒《ばのきんらち》（通称、大坂屋甚兵衛）の狂歌「世中《よのなか》に絶えて師走のなかりせば春の心はのどけからまし」は、在原業平の本歌「世中にたえてさくらのなかりせば春の心はのどけからまし」の「さくら」を「師走」に変えただけだが、宿屋飯盛が詠んだ狂歌「まてしばし文かくまどのあきさきたつてくれるな恋すてふ名の」は、壬生忠見《みぶのただみ》（三十六歌仙の1人）の「恋すてふわが名はまだき立ちにけり人知れずこそ思ひそめしか」である。

才色兼備の有名遊女「誰袖」

同好の士が集まり、酒も入って、わいわいがやがやと騒ぎながら、和歌のように格式張らず、自由自在にその場限りの狂歌をひねりだし、パロディまみれになって満足する。

そんな狂歌の常識が覆されたのは1783年、元号でいうと、蔦重にゆかりの「3」の字がつく天明3年のことである。詠んだ狂歌は詠み捨てではなく、後世に残る本にして販売するようにしたのだ。流行を巧みに新規ビジネスに結びつける蔦重の着眼力と実行力は、まさに〃ベンチャーの鑑〃である。

しかし、本にする編集方針は二手に分かれた。『狂歌若菜集』は作者別に編集しただけだったのに対し、『万載狂歌集』の方は勅撰和歌集の『千載和歌集』をパロディ仕立にした凝ったつくりになっており、２３２人の７４８首を掲載していた。

智恵内子《ちえのないし》（元木網の妻）ほか女流の比率は３％未満だが、知名度の高い遊女が１人、入っていた。「誰袖《たがそで》」である。彼女が詠んだ狂歌は「寄紙入恋《かみいれによするのこい》」と題した次の一首だった。

忘れんとかねて祈りし紙入のなどさらさらに人の恋しき

普通の和歌のようにまじめに解釈してはいけないのが狂歌の「狂」たる所以《ゆえん》だ。で、この狂歌は、紙入とは財布のことなので、「あの人のことを忘れようとずっと祈ってきたが、この紙入を見ると、さらにさらに恋しくなるのは、あの人なのか、お金の方なのか」といった意味になるのである。

誰袖の人気が出たのは、この歌には本歌があるからだった。

多摩川にさらす手作《てづくり》さらさらに何《なに》ぞこの児《こ》のここだ愛《かな》しき

（さらさら流れる多摩川に貢物の手織りの布をさらすように、どうしてこの児のことをさらにさらに愛しく思ってしまうのだろう）

今では高校の古典の時間に習う『万葉集』の東歌《あずまうた》で、多摩川の流水に布をさらす作業をしながら歌った労働歌だったといわれている。

たかが遊女と思っていた江戸っ子たちは、誰袖がそんな古い歌を知っていただけでなく、それを狂歌にまで織り込む知性にあっと驚き、評判が評判を呼んだ。

そのことを誰よりも喜んだのは、彼女の抱え主である大文字屋市兵衛と、彼女の和歌を『万載狂歌集』に採用した四方赤良《よものあから》（大田南畝）だった。市兵衛は、前述したように加保《かぼ》茶元成《ちゃのもとなり》の狂名を持ち、吉原連のまとめ役をしており、四方赤良は「高き名のひゞきは四方に湧き出《いで》て赤ら〳〵《赤ら》と子どもまで知る」とまでいわれた有名人である。

蔦重は行動が迅速で、人に対しては誠実で腰も低かったから、毛嫌いされるようなことはまずなく、初対面の著名人にもすんなり受け入れられた。四方赤良（大田南畝）と接触したときもそうだった。

1781（天明元）年のこと。蔦重が刊行した朋誠堂喜三二の黄表紙『見徳一炊夢《みるがとくいっすいのゆめ》』を、四方赤良が黄表紙の評判記『菊寿草《きくじゅそう》』で高く評価し、「極上々吉《ごくじょうじょうきち》」としたので、蔦重はさっそくお礼に行き、好感をもって迎え入れられたのである。

四方赤良は、翌年も『岡目八目』と題した黄表紙評判記を出し、山東京伝が画と文を1人でこなした『御存商売物』（鶴屋喜右衛門板）を激賞すると、本が売れまくった。それくらい、四方赤良の影響力はすさまじかった。

狂歌連の会員320人

天明狂歌は、江戸のあちこちに「○○連《れん》」と名乗る同好会ができるなど、空前の大ブームとなった。狂歌関係の本づくりに関わった版元、戯作者、画工らも、その輪のなかに入った。神田鍋町や小伝馬町で狂歌関係の書を多く出版していた屋号「漫々堂」の奈良屋清吉もそんな一人で、狂名を普栗釣方《ふくりのつりかた》といった。蔦重、奈良屋清吉以外に狂歌をやっていた書肆は、ほかにもいた。狂名「今福来留《いまふくきたる》」の今福屋勇助と狂名「浜辺黒人《はまべのくろひと》」の三河屋半兵衛である。

普栗釣方が1783（天明3）年に出版した『狂歌知足振《しったかぶり》』に、主だった6つの狂歌連（地域連6、個人連2）の会員数が載っている。それによれば、会員総数は320人で、多い順に並べると次のようになる。ただし、複数連加入者もいたので総数と一致しない。

①本町連64人、②四方《よも》連63人、③数寄屋連59人、④小石川連51人、⑤芝連48人、⑥朱《あけ》楽《ら》連32人、⑦堺町連24人、⑦吉原連16人

赤良・菅江が率いる「山手連」、唐衣橘洲が率いる「四谷連」、元木網の「落栗連」など

が抜けているのがちょっと気になる。同書の刊行は天明狂歌が大流行する前年の4月頃とされるが、普栗釣方が死去するのはその4ヵ月後の8月で、これが遺作となった。死期を悟ったからこの本を書いたのかどうかはわからない。

普栗釣方は歌を相撲《すもう》になぞらえた「歌角力《すまい》」（狂歌角力《すまい》）を企画立案した人物である、と宿屋飯盛が『巴人集《はじんしゅう》』に書いている。狂歌の会の参加者を東西に分けて競わせ、行司役の判者が勝ち負けを決める和歌の「歌合方式」を取り入れ、7月7日に開催した狂歌の会で行ったのが最初という。川柳で行われていたのを狂歌にも採用したのだった。

普栗釣方が編集途中で死んだことから、宿屋飯盛をはじめ、奈万須盛方《なますのもりかた》、頭光《つむりのひかる》らが、遺志を継いで、『狂歌角力草《すまいぐさ》』の出版を実現した。

蔦重は蔦重で、1785（天明5）年に編集し、翌年発売した狂歌史上初となる評判記『俳優風《わざおぎぶり》』のなかに「此所《ここ》で一寸《ちょっと》御断り申し上げます」で始まる「方岸普栗信士《ほうがんふりつしんじ》　俗名本屋清吉」追悼の「口上」コーナーを設け、8月24日が三回忌に当たることを告げ、「一遍の御詠歌を願い奉り上げまする」と弔意を示した。

狂歌初の評判記『俳優風』

『俳優風』の表紙を開くと、目に飛び込んでくるのは、「目録」という文字と、それに続く「狂歌三大家」が率いるグループ「狂歌連」を紹介する次のような狂歌である。

大寄曾我《おおよせそが》の大入《おゝいり》と　朝はとふから　唐衣《からころも》　橘洲連《きっしゅうれん》
無駄で和《やわ》らぐ　狂歌仲間の　中《なか》は丸《まる》かれ　丸のゝ字　菅江連《かんこうれん》
四里四方《よりよほう》の　御贔屓《ごひいき》を　頭《こうべ》に翳《かざ》す　扇巴《おうぎともえ》の　赤良連《あかられん》

同書が採り上げた狂歌師の数は185人で、多い順に次のような狂歌連になっており、勢力分布がわかる。

①四方連84人、②橘洲連・伯楽連各31人、④数寄屋連26人、⑤四谷6人、⑤濱邉4人、⑥なし3人

いつ、どこで選考したかは四方山人が巻末に書いている。

「天明5（1785）年8月7日に蔦唐丸亭で朱楽菅江、唐衣橘洲、四方赤良が立合いの上、位付けを行い、翌8日から12日までかけて細評を終えた」

評判記の約束事として本書でも歌舞伎に倣って、「立役《たちやく》の部」「実悪《じつあく》の部」「色悪《いろあく》の部」

「敵役《かたきやく》の部」「若女形《わかおやま》の部」「娘方《むすめがた》の部」「色子《いろこ》の部」「子役《こやく》の部」「花車形《かしゃがた》の部」「道外方《どうけがた》の部」「作者の部」と分けて評価している。

位付けでは、トップクラスには「極上上吉」や「至上上吉」をつけ、以下、「上上吉」「上上士」「上上」「上」などと細かく採点し、最優秀作として部門の最後に「巻軸　大上上吉」とした作品もあった。

狂歌の遊び「菊合」

「狂歌の店おろしによい相場を菊合《きくあわせ》」と題した「狂文」のページもある。「菊合」は平安時代からある遊びで、2組に分かれて菊の花に添えた和歌の優劣を競い合ったが、ここで競い合うのは狂歌だ。狂歌連を「問屋」に見立て、店の商品の良し悪しを選り分ける棚卸しをするという趣向である。

四方赤良（大田南畝）作の狂歌の引用から書き始めている。

「世の中の人には時の狂歌師と呼ばるゝ名こそおかしかりけれと詠みし頃は小百年も前のことにて、その頃、狂歌師といふはおかしな名を付けたりにて浮世を茶にする事とのみ心得、物事不自由なりし代《よ》の事なるべし」（傍点筆者）

という書き出しになっているが、「世の中の……おかしけれ」は四方赤良作の狂歌であり、本文は赤良が執筆しているということを匂わせる演出ではあるが、この狂歌が詠まれたのは小百年もの昔の出来事ではなく、1783（天明3）年刊行の『巴人集《はじんしゅう》』に収載された近作である。こういう人を食ったことも、滑稽さが売り物の狂歌の特徴ということになる。

続いて、菅江なら「丸の屋」、橘洲なら「橘屋」というように狂歌師の屋号を列挙しており、有名無名を問わず、さまざまな職種の者が狂歌に熱中したことがわかる。

「今の世に至りては、言葉の花の大江戸の中に、いろは蔵（豪商食野《めしの》家の蔵）を建てし四里四方の狂歌問屋と呼ばるゝ大分限《だいぶげん》（勢力のある大富豪）丸の屋、橘屋、四方屋の三軒の問屋を始めとして、そのほか濱邉《はまべ》屋、へづゝ屋など、おのおの出店・老舗の繁昌。もう狂名でもあるまいと三升（歌舞伎役者の市川三升）を成田屋、路考《ろこう》（名女形の歌舞伎役者瀬川菊之丞の俳号）を濱村屋という格で、家名をもって呼ぶ事とはなりぬ。中にも本町の平野屋、金吹町《かなぶきちょう》の白子屋、中村屋、日本橋の小《こ》さの、伯楽のぬか七、山城屋、駿河屋、亀井町の文笑《ぶんしょう》（画号一筆斎文笑、頭光《つむりのひかる》。宿屋飯盛、鹿津部真顔、馬場金埒と並んで〝狂歌四天王〟と呼ぶ）、新川の春蟻《しゅんぎ》、深川の榎本、櫓下《やぐらした》のたび屋、土橋《どばし》の大屋など、東方の生え抜き。赤坂の加陪屋、小川町のこのこ屋、赤坂の澤邊屋、尾川屋、小石川の山道屋、扇巴屋の番頭。山の手の片隅にも板屋、くれ竹屋などは皆高黐《たかはご》（竿の先に黐《もち》を塗った小枝を付けて樹上に立て、囮の鳥を置いて、寄ってきた鳥を捕獲する仕掛け）の出てゐる屋敷方の出入り（商人）ばかり。別《わ》けて此道《このみち》のすきや河岸の菊寿、三河屋、大坂屋、八重垣の小島、ますだの息子、京橋の伝、銀座の常と聞いては色男と知り、一ッ目の亀さんが留守とは大方、向島であらうと悟り、元成（かぼちゃの元成）は釣より古銭が好きだと先走る世の中」（以上、前半）

狂歌の世界では、関係者自身が実名で登場して読者との一体感を強め、本の販促につなげており、この本の仕掛人である蔦重も当然のように登場する。

「ここに長居も座敷代が費えてござるといえば、先年、大門通から越して来た蔦屋といへる黙《だま》りん坊、先程より座敷の隅に目を持っていたりしが、一体、遠目のきく男にて、四方を見廻し、おづおづ座敷へ罷り出しからは、一刻も早く御伝授あってしかつべの真顔にあらぬ、床の間の台に飾りし梨地の箱を恭《うやうや》しく紐を解き、高らかにこそ詠み上げけれ」

この書き方は、赤良自身が天明2年に書いた『江戸花海老』と同工異曲である。

「先ず山の手にはあから、菅江、その流れをくむ人々には、松風、竹藪、よみ人しれた、雲楽斎、馬貫、まん丸、紀定丸、四谷に橘洲、へづゝ入道、かつほ、まん作、あめん坊、麹町に栗圃《りつほ》（栗種亭棗圃《りつしゅていそうほ》の略称）、麻布にみさうず、芝は名におふ浜辺黒人、隣海法師、丹《たん》青洞《せいどう》、品川に大木戸黒牛あれば、目黒に好田の清好あり……」

『江戸花海老』とつけた書名には「市川ひいき」（市川ひいき）という角書がついている。市川とは市川海老蔵のことである。

『狂歌百鬼夜狂』で見せた〝マルチプレイヤー蔦重〟

〝天明狂歌ブームの仕掛人〟だった蔦重の仕事のやり方や進め方が実によく伝わってくる実例がある。『狂歌百鬼夜狂』と題した本をつくるために、蔦重が企画・制作・演出した〝狂歌版百物語〟がそれだ。

1785（天明5）年の10月14日夜から翌朝にかけて行われたイベントの一部始終は、『狂歌百鬼夜狂』にある序文の「百ものがたりの記」から知ることができる。

「怪しものを見て怪しまないなら『左伝』（孔子編集とされる古典『春秋左氏伝』）の化け物話も嘘になるし、怪しいものを見て怪しむなら『六部《ろくぶ》』（隋から清まで存続した中国の官庁）が行った地獄の沙汰も真実ということになる」で始まる序文を執筆したのは〝狂歌界の大人〟四方赤良（大田南畝）である。

「これはむかし物語ではない。ごく最近の出来事だ」で始まる「百ものがたりの記」は平秩東作が書き、唐衣橘洲は「雀が海中に入りて蛤に化け、鷹は変化して鳩に化け、生娘は芸子に化け、花嫁が姑に化けるのは、常の化け物だが、南瓜が唐辛子に化け、薩摩芋が笛《ふえ》吹《ふき》に化ける(「芋を食べると屁が出る」の意味か)のも昔の化け物である。この頃は、俳人は無論、詩人、文人、歌人まで皆一様に狂歌師に化けている」という出だしの「跋」を書いた。

東作の「百ものがたりの記」には、夜を徹して行われた〝狂歌版百物語〟の一部始終が綴られているのは当然だが、その文中には蔦重が設定した「百物語戯歌の式」と名づけた七箇条の約束事も併記され、それを実施する年月日「天明五年乙巳十月十四日」と「催主蔦唐丸」の名も明記されている。

蔦重が自分で考え、掛け軸に記して、会員が集った部屋の壁に掛けた七箇条の会則の内容は、以下のようだった。

一、百首をつくる順番を(抽選で)決め、その順番を厳守すること。たとえ多くの歌を思い浮かべたとしても、紙に書くのは1回1首とすること。

一、北の屋の隅に燈火を置き、青い紙の覆いをかける。大きな灯芯を100本入れておき、一首を書き終えたら灯芯を1本消して減らすこと。
一、燈火の左に狂歌を書くための文台を1つ用意し、硯と紙を置く。歌を書き終えたら、鉦《かね》を1回鳴らすこと。
一、居間から北の屋へ通う道には燈火を置いてはいけない。物陰に隠れて人を驚かせたり、怪しげな物を置くのは禁止すること。
一、居間で大きな声で雑談してはいけない。酒肴は用意するが、限度を超えて盃を重ねてはならないこと。
一、最後の百首に当たった人は、燈火を消し終えた後、障子や襖を突き揺さぶって、「化け物殿、人間ぞう、申そうよ」といって踊ること。
一、妖怪は、日が出てくると隠れるのが道理である。よって、卯の時より前に退散しないといけない。夜が明けたら、作品の狂歌を読み上げる「披講」は当日は行わず、後日に行うこと。
右七箇条を固く守ること。もし違反した人には、過怠した罰として酒一升をほかの人たちに提供しなければならない。

天明狂歌ブームの仕掛人

蔦重は口八丁手八丁の驚異のマルチプレーヤーだった。「ただ集まって狂歌を読むだけでは面白くない」と考え、自らも狂歌師蔦唐丸《つたのからまる》となって、さまざまな趣向を凝らした仕掛けを行うことで狂歌師たちを楽しませ、そうやって出来上がった作品を本にして読者をも喜ばせたから「天明狂歌」はブームとなり、蔦重自身も大いに銭儲けができたのである。

「百ものがたりの記」によると、蔦重は、こんなことをいっている。

「怪しいことを目撃した人から聞いた話では、百物語をすると、途方もなく怪しい出来事が起きるそう」

しかし、大勢が集まって百物語をするのは時間もかかるし、騒がしくもなるので、街中《まちなか》の家でやるのは難しい。そこで、土師掻安《はじのかきやす》という狂歌師が動いて、友人が所有する深川の別荘を借りることになった。その家は人気がなく、木々も生い茂って面白く、百物語をするにはもってこいの『北の屋』と呼ぶ離れがある。

荒れ果てた家の南表《みなみおもて》の雨戸は閉めず、燈火はその部屋と厨《くりや》にあるだけ。障子をあけて離れを遠望すると、風が吹くたびに木の葉がうなりを上げ、襖がギシギシと鳴り響く様子は物凄く、土師揺安がいうには「ここはかつて何とか院という寺の墓地だったが、20年ほど前に宅地にしたので、掘り起こせば、しゃれこうべなどが出てくるはず」とのこと。そのような怪しく忌まわしい場所だったのである。

「居間から燈火のあるところまでに二部屋ある。引っぺがされた畳があちこちに積み重ねてあって歩きづらく、ややもすればつまづいて倒れてしまう。雨は止まず、風も強くなり、雨戸がひっきりなしにガタガタと鳴っている」

「北の屋（離れ）は遙か彼方で渡殿を伝って行く」

そんな表現をした箇所も「百ものがたりの記」にはある。

子一つ（午後11時から11時半）頃、蔦重が離れの様子を見に行き、驚いた様子で帰ってきて、こんなことをいったという。

「怪しげなことがあった。歌は60余首なので灯芯は30余本残っていなければならないのに、60余本あった。昔から変化は灯火の数を隠して人を惑わすことがある」

すると、金埒、真顔、参和らは「信じられない」といって一緒に見に行ったが、蔦重のいうことに間違いはなかった。

当夜の参会者を「百ものがたりの記」に出てくる順に改めて記すと、四方大人《よものうし》、蔦唐丸、

土師掻安《はじのかきやす》、宿屋飯盛、算木有政《さんぎのありまさ》、馬場金埒《ばばきんらち》、紀定麿《きのさだまろ》、鹿津部真顔《しかつべのまがお》、唐来参和、大屋裏住《おおやのうらすみ》、今田部屋住《いまだへやずみ》らとなる。

演出家として辣腕を振るう

狂歌の「題」は、室町時代の画家土佐光信《とさみつのぶ》の『百鬼夜行絵巻』に出てくる妖怪の名か、鳥山石燕が描いた『画図百鬼夜行《がずひゃっきやこう》』をはじめとする「妖怪画シリーズ」に登場する妖怪の名をつけた。内題「夷歌百鬼夜行《えびすうた》」のところに並ぶ作品群では、こんな風である。

見越入道《みこし》　へづゝ東作
さかさまに月も睨《にら》むとみゆる哉《かな》　野寺の松のみこし入道

雪女　紀定麿
白粉《おしろい》にまざりて白き雪女　いづれけしやう※の者とこそ見みれ

※化粧と化生

人魂《ひとだま》　唐来参和
晴れやらぬ妄執の雲のまよいより　うき世のあとをひける人だま

女の首　四方赤良
首ばかり出す女の髪の毛に　よればつめたき象のさしぐし

離魂病《りこん》　宿屋飯盛

目の前に二ッの姿あらはすは　水にも月のかげのわづらひ

うしろ髪　山東京伝

いつくしき顔にみだせしうしろ髪　ながきためしにひかれてぞ行《いく》

以下、箕木有政《さんぎありまさ》「山男」、今田部屋住《いまだへやずみ》「切禿《きりかむろ》」、頭光《つむりひかる》「長髪」、馬場金埒《ばばきんらち》「鬼」、大屋裏住《おおやのうらずみ》「山姥《やまんば》」、鹿津部真顔《しかつべのまがお》「逆柱《さかばしら》」、土師掻安《はじのかきやす》「毛女郎《けじょろう》」、問屋酒船《とんやのさけふね》「楠《くすのき》亡霊」、高利刈主《こうりのかりぬし》「小袖《こそで》の手」と続く詠み手の数は全部で15人。

これらの狂歌師が百話に到達するまで、激しい風雨のなかを次々と居間から離れへと向かい、燈火だけの薄暗い部屋の机の前で、自分に課された百の妖怪のどれかに因んだ狂歌を案出しては、紙に書きつけてくるという趣向である。

隅田川対決「狂詩VS狂歌」に出演

大田南畝の狂文集「四方《よも》の留粕《とめかす》」に「角田川に三船《さんせん》をうかぶる記」と題された一文がある。その文中に「蔦のから丸がそそのかし聞こゆる」（蔦重が仕掛けた）と書かれた一節があり、「ことし水無月（旧暦6月）のあつさをさけんと」して、隅田川に詩歌管弦の三艘の納涼船を浮かべて「狂詩陣と狂歌陣が左右に分かれて、競泳ならぬ〝競詠〟をするという、史上初の奇想天外な催し」を蔦重が発想して仕掛け、自らも狂歌陣の1人として加わっていたことがわかる。

文中には、「左方人」「右方人」となった狂歌師16人の名前も記入された次のような取組表もある。ただし、左方人の6番手の「唯取《ただとり》」は詳細不明。

左方人 各賦狂詩	右方人 各賦狂歌	
飯盛	真顔	※宿屋飯盛、鹿津部真顔
定丸	金埒	※紀定丸《きのさだまる》、馬場金埒《ばばのきんらち》
秋人	光	※腹可良秋人《はらからのあきんど》、頭光《つむりのひかる》
古人有政	裏住	※大屋裏住（手柄岡持《てがらのおかもち》・立川《たてかわ》〈鶉亭《うてい》〉焉馬《えんば》の師）
参和	米人《こめんど》	※酒月米人《さかづきのこめんど》（編著『狂歌東来』）盃米人とも
唯取《ただどり》	高彦	※山道高彦《やまみちたかひこ》（田安家の家臣。小石川連を起こす）
躬鹿《みじか》	森角《もりかど》	※紀躬鹿《きのみじか》（評定所の役人）。朝倉森角（百喜斎）
酒船《さけふね》	唐丸	※問屋酒船《とんやのさけふね》、蔦唐丸（蔦重）

講師　　　　紀定丸
読師　　　　鹿津部真顔
判者　　　　四方赤良

世の中が殺伐としてくると、疲れた脳が甘いものを欲するように、人々は笑いを求めたがる。滑稽や諧謔は笑いの一種といえるだろう。

永井荷風も、いっている。「俳諧や狂歌の本領は、滑稽諧謔にある」「諧謔精神は、徳川時代三百年を通じて一貫する時代精神の一部ではないか」と。

以下の文章は1917（大正6）年6月に永井荷風が発表した「狂歌を論ず」の一節だが、原文には句点がまったくなく、現代人には読みづらく、意味を誤る可能性なきにしもあらずなので、筆者が句点を付した。

「そもく《そも》、わが邦人固有の軽妙滑稽の性行は、仏教の感化によりて、遠く戦国時代に発芽したり。南北朝以来、戦乱永く相つぎ、人心諸行無常を観ずること、従って深かりしが、その厭世思想は漸次時代の修養を経て、まづ洒脱となり、ついで滑稽諧謔に慰安を求めんとするに至れり。江戸の都人は、最も軽妙滑稽たる天変地妖（天明3年の大火、安政の大震災など）に対しても、また滑稽諧謔の辞を弄せずんば、已《や》む能《あた》はざりしなり」

権力と戦う仕掛人

午《うま》

筆禍《ひっか》事件の波紋

「寛政の改革」に着手した松平定信のお手本は、「享保の改革」を行った祖父〝暴れん坊将軍〟こと8代将軍吉宗。「文武両道」「質素倹約」「清く正しく美しく」と理想主義を掲げ、「風俗浄化」のためと「出版規制」に乗り出した。どうする蔦重、何を仕掛ける？

〝儒教的理想主義者〟定信の『鸚鵡言』

1829（文政12）年に72歳で永眠した松平定信には、130余の著述があった。それらのなかで、多くの武士が強い関心を持ち、書写した著作に『鸚鵡言《おうむのことば》』がある。「皆が聖賢をまねるから、そのような題にした」と定信が執筆動機を話した同書は、親しかった脇坂安董《やすただ》（龍野藩8代藩主）に「人君の切要（極めて重要なこと）とは？」と問われたことへの答えとして執筆、脇坂に与えたのだという。

田沼意次が失脚し、御三卿の一橋治済《ひとつばしはるさだ》の推挙で定信が「老中首座」につく前年（1786〈天明6〉年）に書かれたことも憶測を呼び、新しい為政者となった松平定信の主義主張を知ろうとして、さかんに筆写されたのだろう。

『鸚鵡言』は、「○○の事」という見出しをつけた11のテーマで構成されている。○○は、以下の通り。①天職、②徳をつゝしむ、③学問、④下情、⑤君臣、⑥賢才、⑦政、⑧賞罰、⑨生財、⑩名器、⑪利と義と。

定信を一言で評すると「儒教的理想主義者」である。『鸚鵡言』を読むと、求道者の面影すら感じられる厳格な姿が浮かび上がってくる。潔癖症で生真面目で、倫理観が強く、心身を鍛錬し、至徳を身につけようとしたのだ。己に厳しいだけでなく、その厳しさを家臣や民にも求めようとしたところに無理が生じ、次第に民心が離反していった。

定信の主義主張はどのようなものだったのかを知るために、前記11テーマのうち3つをピックアップし、現代語に超訳すると次のようになる。

「天は、民を直接統治することはできない。だから、大君が天に代って統治するのだが、大君1人ではできないから諸侯を立てて治めさせる。諸侯が民を治めるのは、大君の命にして天命である。民を治める職は天の職であり、治める民は天の民なのだ」（天職の事）

「徳とは、真心を行うという意味だろう。真心は天理だ。真心を身につけ、天理に立ち帰るのを徳という（中略）上の徳が明らかになれば、世の中はうまく収まるはずだ。では、その徳をいかにして身につけるかといえば、聖賢の書を読んで、自分自身にあてはめることだ。（中略）その徳が完璧になれば、臣民が服従することは、民衆が夜空の北辰（北極星）に向かい、草木が風になびくようになるはずである」（徳をつゝしむ事）

「〈上〉という字をひっくり返すと〈下〉という字になり、〈下〉をひっくり返せば〈上〉になる。その〈上〉と〈下〉が情を通じるには、間にいるものが口で両者をつなげばよい。それが〈中〉という字である」（下情の事）

寛政の改革

松平定信は、蔦重が38歳になった1787（天明7）年の6月に30歳の若さで筆頭老中に就任すると、「質素倹約」を説き、「学問と武道」を奨励する改革に着手し、出版物にも粛清の矛先を向け、関係者たちをふるえあがらせたが、蔦重の反骨精神を押しつぶすことはできなかった。その翌1788（天明8）年、蔦重は、狙いすましたかのように、新政をうがった黄表紙を刊行するのだ。題して『文武二道万石通《ぶんぶにどうまんごくとおし》』（上中下3巻）。

万石通とは「米と糠《ぬか》をふるい分ける農具」の呼称で、「武士を文武二道にふり分ける」意味を掛けている。作者は朋誠堂喜三二《ほうせいどうきさんじ》、画工は歌麿の門人喜多川行麿《きたがわゆきまろ》（生没年不詳）。

物語は、源頼朝が重臣畠山重忠《はたけやましげただ》に文武について問う場面から始まっている。

「今は治世の時代ではあるが、文ばかりでは国や民は治められぬ。汝《なれ》の知恵で、鎌倉の大《だい》小名《しょうみょう》（1万石以上の武士の総称）を、文か武か、ふるいにかけてくれ」

と命じられた重忠は、こう答える。

「所詮、文武を兼備した武士などおらず、どちらかへ片寄っていると申すべきで、文でもなく武でもない〝ぬらくら武士〟も多いのが実情でございます。彼らを、文か武かの二つに分けてお目にかけましょう」

注目すべきは、行麿が画いた挿絵の2人だ。まだ若い頼朝のモデルは14歳の11代将軍家斉《いえなり》、そして重忠は着衣の家紋「梅鉢」から定信がモデルと一目でわかる工夫がしてある。家紋から誰だかわかるようにした「人物のうがち」は、ほかにもあった。「七ツ星」は田沼意次、「土」は意次の腹心の元勘定組頭土山宗次郎《つちやまそうじろう》で、要するに、ここでの「うがち」

は「文武奨励政策」への皮肉であり、〝おちょくり〟である。
序文には「蔦十の需《もとめ》に応じて喜三二作《さく》ス」とあるが、なぜこんなことを書いたのか（傍点は筆者）。

江戸留守居役の喜三二という男、機を見るに敏というか、用心深いといおうか、変わり身が早いというべきか、籍を置く仙台藩が、「白河藩主松平定信、老中筆頭に就任」との「達し」（通知）を1787（天明7）年6月16日に受け取るや、5日後には早くも「祝賀言上《ごんじょう》」の使者となって定信のところへ行った。にもかかわらず、喜三二はその翌年、定信の改革を風刺する話を黄表紙に書き、追及されると「蔦十に無理強いされて筆を執った」と苦しい弁明をした。

幕府は、そうした諸事情をしっかり把握していた。定信の重臣服部正礼《まさふだ》がメモ書き風に記していた当時の日記『世々之姿《よよのすがた》』には、次のような書き込みがあったのである。

公方《くぼう》様ヲ　頼朝公
此方様ヲ　重忠
其外《そのほか》鎌倉時代之《の》大小名　悉《ことごとく》有之《これあり》
重忠と本田次郎対談所々有之

本田弾正少弼《だんじょうしょうひつ》様ヵ

ぬらくら武士の内ニ㊍紋有

井伊掃部頭《いいかもんのかみ》様ヵ

藩主からも苦言を呈され、喜三二は筆を折る。武士の辛いところだ。

それから2年後の1789年、天明9年は1月25日に元号が変わり、寛政元年となった。その年、蔦重はまたしても黄表紙の話題作2冊を刊行する。山東京伝の『奇事中洲話《きじもなかずわ》』と『文武二道万石通』の後日譚に位置づけられる恋川春町の『鸚鵡返文武二道《おうむがえしぶんぶのふたみち》』（3巻3冊）で、挿絵は北尾政美《まさよし》が担当した。

女とカネの一大スキャンダル

「目は口ほどに物をいい」というが、蔦重がプロデュースし、山東京伝が書いた黄表紙『奇事中洲話《きじもなかずわ》』の仕掛けは「絵は文ほどに物をいい」で、田沼政権の経済官僚ともいうべき勘定組頭土山宗次郎の〝女とカネのスキャンダル〟をネタにした問題作だった。

京伝が執筆を開始したのは、松平定信が改革に着手した1787（天明7）年の翌年。このときは画文二刀流は用いず、執筆に専念し、挿絵の方は、こまごまとした指示を与えても反発しない同門の弟子北尾政美《まさよし》に託した。

時代は遡る。土山宗次郎は、吉原の遊女「誰袖《たがそで》」を1784（天明4）年に身請けして妾にしたが、身請けに要した600両とも1200両ともいわれる大金は、勘定奉行の俸禄350石で賄える金額ではない。彼女の抱え主である遊郭「大文字屋」の主人村田市兵衛が献上した。

誰袖が請け出される2年前（1782〈天明2〉年）に南畝がつけていた日記『三春行楽記』に彼女のことが記されている。それによると、正月元旦から4月1日までの三春（1月・2月・3月）の間に南畝は14回も土山に接待されていることがわかる。

誰袖の名が出てくるのは3月9日の条で、「誰袖からプレゼントされた袖と総角《あげまき》（飾り結びの1種）は家宝にする」とまで南畝は喜んでいる。

「菅江《かんこう》、嘉十《かじゅう》と同《どう》（一緒）に、土山沾之《てんし》（土山の号）に陪《ばい》（随行）し、北里に遊ぶ。夜、京街《きょうまち》（京町）を過《よ》ぎり、大文字の楼に登る。妓誰袖《ぎ》、袖と総角《あげまき》とを取りて、以て余《よ》に贈る。余、家珍《かちん》と為《な》す。これ土山氏の狎妓《こうぎ》（かわいがっている妓女）なり。菅江は妓女袖芝《そでしば》を呼び、余は妓一炷《ひともと》を呼ぶ。夙《つと》（早朝）に起きて、また菅江と同《どう》に書肆《しょし》耕書堂に宴《えん》す」

南畝と一緒に土山に随行した者としてその名が登場する上記の菅江は、四方赤良、唐衣橘洲と並ぶ「狂歌三大家」の朱楽菅江だとすぐにわかるが、嘉十が誰だかわからない研究者は結構いる。嘉十とは本名北川嘉兵衛、南畝門下の狂歌師で狂号鹿津部真顔《しかつべのまがお》（鹿都部とも）、別号狂歌堂などで知られる「狂歌四天王」（馬場金埒《ばばのきんらち》、頭光《つむりのひかる》、宿屋飯盛《やどやのめしもり》）の1人で、当初は戯作者を目指して恋川春町に師事し、恋川好町《すきまち》という戯号をもらっている。

南畝は、勘定組頭の土山や与力《よりき》の山崎景貫《やまざきかげつら》（朱楽菅江《あけらかんこう》）らと村田市兵衛が営む遊郭「大文字屋」に登楼して一夜を明かすと、その足で大門口の耕書堂に蔦重を訪ねたのである。蔦重は、彼らのために酒宴を催して接待し、帰る際には駕籠で自宅まで送り届けており、蔦重は南畝を通じて土山とも親交を結んでいた様子が伝わってくる。

蔦重は、同じ年（1782〈天明2〉年）の12月17日には日頃世話になっている戯作者や画工を招いて盛大な〝忘年会〟を催している。一次会は「ふぐ汁」で、二次会は「大文字屋」である。蔦重が招待した客は、大田南畝をはじめ、四方赤良、恋川春町、山東京伝（北尾政演）、唐来参和、北尾重政（二次会は欠席）、北尾政演、元木網といった錚々たる顔ぶれだった。

土山が深く関与した「米の買上げ不正事件」が発覚するのは、この4年後、1786（天明6）年のことになる。同年2月の「越後米買上げ」、7月の「仙台米買上げ」をめぐる汚職である。「おぬしも悪じゃのう、越後屋」は、この事件がヒントかもしれない。

土山は、関東一円が大洪水に見舞われて米価が高騰したのに目をつけ、飛脚屋の十七《じゅうしち》屋《や》孫兵衛らを買上げ商人に指定し、彼らが不正売買で得た多額の差益金をキックバックさせて私腹を肥やすなど、テレビドラマまがいの悪事を働いたことが露見、捕縛された。

ところが土山は、あろうことか、取り調べを受けている身でありながら、誰袖と蓄電する。2人の逃避行を手引きしたのは、土山の腰巾着《こしぎんちゃく》の通称稲毛屋金右衛門、そして蔦重とも顔なじみの戯作者平秩東作《へずつとうさく》だった。内藤新宿で煙草屋を営んでいた東作には、秋田藩の鉱山開発を指導した平賀源内をまねようとしたのか、蝦夷の鉱山開発をもくろむという「山師」の一面もあり、蝦夷で越冬して調査を行い、見聞記『東遊記』まで書いたが、調査費を出したのは土山だったことから、その恩に報いようとしたらしかった。

蝦夷地開発計画は田沼政権の目玉政策の1つだったが、きっかけをつくったのは、1783（天明3）年に仙台藩医の工藤平助《くどうへいすけ》が田沼意次に献本した『赤蝦夷風説考《あかえぞふうせつこう》』である。ロシアとの交易・蝦夷地開発を説く同書を読んだ意次は、腹心の勘定奉行松本秀持《ひでもち》を呼ぶと、ただちに蝦夷地開発に着手するよう命じ、松本は土山にそれを伝え、土山は親しかった平秩東作に調査を依頼した。平作は、その年〈1783〈天明3〉年〉の秋には江差へ飛び、翌春まで逗留した。そういう経緯があって、1785（天明5）年に幕府初の蝦夷地探検隊が派遣されるのだが、前述したように将軍家治が翌年8月25日に死去し、その2日後に意次が失脚、定信が新登場したことで、蝦夷地開発計画は中止となる。

土山宗次郎の〃女とカネのスキャンダル〃は、そうした流れのなかで起きたのである。『続徳川実紀』（11代将軍家斉《いえなり》〜15代将軍慶喜《よしのぶ》の実録）は、土山を死罪とした理由を「身持ちが悪く、遊女を身請けして妾にし、買上米の事件では、うしろ暗いところが多く、挙句の果てには家出するなど、重々不届きにつき、死罪に処された」としている。

南畝の左遷と誰袖のその後

土山の奢りで吉原の遊興に預かっていた版元や戯作者は大勢おり、〃土山の親分〃田沼意次の息がかかった平賀源内、土山と親しかった大田南畝らに何の咎めもないとは思えず、蔦重もまた源内や南畝とつながりがあり、文芸界にも衝撃が走った。

せいしつといへども知れぬ紙合羽《かみかっぱ》油断のならぬあめが下かな

この狂歌は、田沼意次が左遷された1786（天明6）年に大田南畝が詠んだとされる一首だが、当人は強く否定した。歌の意味は、南畝が従者を伴って外出中に大雨に遭い、従者の身にまとっていた青い漆を塗った雨合羽に沁み込んだというものだが、それは表面的な解釈で、せいしつは「静謐」と「青漆」、紙は「お上《かみ》」の上を掛け、あめが下は「雨が下」と「天が下」を掛けていて、「田沼意次の罷免をめぐる流言に通じる」と当局はみなし、南畝は「徒士《かち》」の職を解かれ、「小普請組《こぶしんぐみ》」の閑職に左遷された。

世間の好奇の目は、誰袖の身の振り方にも向けられた。誰袖のその後はどうなったのか。「死んだ土山宗二郎に代って、わしが面倒見よう」と誰袖をくどいた好色な大尽《だいじん》もいたに違いないが、彼女は大文字屋へ舞い戻ったという。といっても、村田市兵衛にすれば、以前のような遊女稼業に復帰させるわけにもいかず、全国に名を馳せた〝有名な女流狂歌師〟として客寄せに使ったのではないか。

市兵衛の妻は、大文字屋の初代主人（村田文楼）の姪で、請われて養女になり、市兵衛と結婚したのだが、加藤千蔭《ちかげ》に和歌を習った才女だった。彼女は「秋風女房《あきかぜのにょうぼう》」という号で狂歌を詠み、『万載狂歌集』の後編にあたる四方赤良編『徳和歌後万載集《とくわかごまんざいしゅう》』（1785〈天明5〉年刊）にも入っている。誰袖が狂歌を詠むようになったのは彼女の指導だろう。

で、改めて誰袖のその後を調べてみると、その年に名のある浮世絵師渓斎英泉《けいさいえいせん》が画いた12枚（12ヵ月）揃い物「吉原要事廓《ようじくるわ》の四季志《しきし》」の1枚（8月「八さくにわか」）に「大文字

屋内　誰袖」と書き入れた絵があった。英泉は、花魁《おいらん》図を得意とし、歌麿とまではいかないまでも、名の売れた浮世絵師である。絵の制作年は1823（文政6）年。土山宗次郎の刑死から35年が過ぎている。

英泉が生まれたのは、京伝が「手鎖五十日」、蔦重が「身上半減の闕所《けっしょ》処分」を受けた前年なので、誰袖の事件当時を知らない。だが、「吉原要事《ようじ》」は京伝が1788（天明8）年に発表した滑稽本『吉原楊枝《ようじ》』に通じている。しかも同書を刊行したのは蔦重だった。土山宗次郎が斬首されたのはその年で、日本初の解剖学書の翻訳『解体新書』で知られる杉田玄白は、『鷧斎日録《いさいにちろく》』12月5日の条に「土山一件、今日御仕置済《おしおきずみ》」と書いた。

「吉原要事廓の四季志」の版元も蔦屋重三郎板となっているが、この蔦重は2代目。誰袖は、事件当時が20歳前後としても50歳を過ぎている計算になるが、絵姿はそんなに老けてはいない。彼女ではなく、2代目か、3代目の誰袖のようだ。結局、誰袖がその頃どこで何をしていたのか、その生涯はどんなだったのかは謎というしかない。

吉原炎上で移転、仮宅営業で大儲け

禍々《まがまが》しい天明の世相を反映した京伝の新作『奇事中洲話《きじもなかずわ》』は、新年（1789年）早々の1月25日に元号が変わり、寛政元年の刊行となるが、書名からして「口は災いの元」を意味する「雉《きじ》も鳴かずば撃たれまい」を想起するし、当時の江戸っ子の読者なら、「中洲《なかず》は吉原が火事で全焼して移った仮宅《かりたく》があった場所」ということも脳裏をかすめたろう。

吉原炎上は幕末までに21回（東京都台東区役所編『新吉原史考』。回数に諸説あるが、この数字が正しい）を数え、うち19回は全焼（過半消失は明和8年と慶應2年のみ）という悲惨さである。8年間の天明時代だけ見ても3回炎上（天明元〈1781〉年、天明4〈1784〉年全焼、天明7〈1787〉年全焼）し、2回が全焼だ。どうして全焼が多いかといえば、吉原の火事には火消しは出動せず、燃えるに任せて放置する決まりだったからだ。

吉原炎上と仮宅に関するデータがある。天明7年の火災当時の江戸市中の人口は128万5300人で、江戸市外となる吉原は1万4500人。うち遊女と禿《かむろ》（遊女予備軍のおかっぱ頭の少女）は2500人。それだけの大人数が中洲（日本橋中洲）をはじめ、大橋、深川新地、深川富川町、高輪へ分散転地して仮宅営業した。転地先はいつも同じというわけではなく、3年前（天明4年）の大火で移った仮宅は両国、並木、駒形、黒船町だった。

水路を利用する場合、隅田川を猪牙舟《ちょきぶね》（舳先《へさき》が猪の牙のように尖った2、3人乗りの小舟）で、浅草の今戸町《いまどちょう》と金龍山下瓦町《きんりゅうざんしたかわらまち》の間を流れる堀（山谷堀《さんやぼり》）にかかる今戸橋まで行き、下船すると、瓦町側にある「日本堤」と呼ぶ土手が堀に沿ってまっすぐに伸びており、その約1キロ先に吉原遊郭はある。徒歩で行くか、駕籠に乗るかだ。駕籠に乗っても大門《おおもん》内へは医者以外は禁止、馬の乗り入れも禁止で、不便きわまりなく、登楼したら登楼したで、あれやこれやと面倒くさいルールがある。

吉原は周囲を田んぼに囲まれた〝江戸のはずれ〟にあり、遊女の逃亡を防ぐための高い塀と〝お歯黒どぶ〟と呼ぶ堀に囲まれた〝陸の孤島〟のような立地で、出入り口は「大門」の1ヵ所だけ。その点、仮宅は江戸市中にあって通いやすく、塀もなければ堀もなく、出入り口も1つではなく、行動の自由度が高い。しかも、仮営業中を逆手に取って半額にした遊郭もあって、客足が増えて繁昌した。200軒くらいあった妓楼のほとんどは〝焼け太った〟のである。仮宅での営業期間は最大500日程度と定められていたが、奉行所に願い出て許されれば延長できたので、江戸時代末期になると儲けるために2年間も仮宅営業を続けるケースも出た。

楼主も遊女も客も吉原に比べてメリットが大きい仮宅営業を喜んだが、出入り自由な仮宅ならではの事件も起きた。「大菱屋」の19歳の遊女綾衣《あやぎぬ》が両国回向院《えこういん》そばの仮宅を抜け出し、相思相愛の仲となった28歳の妻子持ちの旗本藤枝外記《ふじえだげき》と千束村《せんぞく》の農家で心中した1

785〈天明5〉年の事件で、のちに明治生まれの小説家・劇作家の岡本綺堂が、この事件に想を得て『箕輪《みのわ》心中』を書き、評判となった。

キジも鳴かずば撃たれまい

天明7（1787）年火災の仮宅地「中洲」の旧名は「三股《みつまた》」。隅田川が三筋《みすじ》に分岐する地点にちなんでそう呼ばれていたが、1771（明和7）年に埋め立てられ、安永年間（1772～1781年）には飲食店などが軒を競う一大歓楽地となった。が、流路を狭めた工事の弊害が発生、上流で頻繁に洪水が起きたので、寛政の改革で再び元に戻された。

そんな歴史がある中洲では、過去に何度か事件が起きていた。

吉原の遊郭「三浦屋」の高尾太夫が三股あたりに浮かぶ船上で惨殺され、隅田川に放り込まれて北新堀河岸に漂着した事件は、1659（万治2）年に起きた。加害者が伊達政宗の孫の仙台藩の3代藩主綱宗だったことから、後々までの語り草となった。綱宗は、高尾を見初めて身請けしたが、高尾が想い人に義理立てし、意のままにならないので吊るし斬りにしたという。怪談「番町皿屋敷」のお菊のように化けて出そうな話だ。

1763（宝暦13）年6月には、歌舞伎で高尾役を演じていた女形荻野八重桐《おぎのやえぎり》が、隅田川の三股で菊之丞らと水浴びをしていて誤って水死した事件があった。源内の『根南志具佐』にも書かれた悲劇である。

　京伝は、１７８９（寛政元）年刊となる『奇事中洲話』では、創作面に工夫を凝らした。過去に実際に上演された芝居の話を冒頭で展開する手法を用いて、現実の事件を連想させる仕掛けをしたのだ。過去の芝居とは１７８０（安永９）年７月に市村座で初演された『聴《かねてきく》浄瑠璃坂《じょうるりざか》』で、その中の巻「浪花の梅川《うめがわ》が伝」では、豊前太夫《ぶぜんだゆう》の富本節《とみもとぶし》（浄瑠璃の一派の三味線音楽）で瀬川菊之丞《きくのじょう》が梅川を、松本幸四郎が忠兵衛を演じていた。

　浪花の梅川は、近松門左衛門の代表作『冥途《めいど》の飛脚』（「あの世へと我が身を運ぶ飛脚」の意）のモデルになった大坂新地の妓楼「槌屋《つちや》」の遊女の名で、「梅川・忠兵衛」の片割れである。大坂淡路町の飛脚問屋「亀屋」の養子忠兵衛が盗んだ金で梅川を身請けして逃亡、大和で捕まった事件が１７１０（宝永７）年に実際に起きている。近松は、それにヒントを得て悲恋物語『冥途の飛脚』を創作、浄瑠璃や歌舞伎の原作となった。

『冥途の飛脚』は、元禄時代の１７１１（正徳元）年に人形浄瑠璃として大阪竹本座で初演され、歌舞伎では原作を脚色し、『恋飛脚大和往来《こいのたよりやまとおうらい》』（恋飛脚は「こいびきゃく」とも）と外題《げだい》して１７９６（寛政８）年に初演、今は『冥途の飛脚〜梅川忠兵衛』となっている。

読者の意表を突く〝逆転の仕掛け〟

蔦重と京伝は、恋川春町の『金々先生栄華夢』から学んだ「ヒットを呼び込む戯作づくりの秘訣」を徹底しようとした。秘訣とは「読者が作者と同じ思いを共有できるよう仕掛けをする」という鉄則である。『奇事中洲話《きじもなかずわ》』では、いきなり3人の読者（女主人、女中、男）を連続登場させて、挿絵の解説をさせる設定を仕掛けた。こんな風にである。

（読者の女主人）「どれ、見せな。乙《おつ》な本だの。この屏風のうちにいるいゝ男は、高麗屋《こうらいや》（松本幸四郎の屋号）に似ていて、忠の字が付いているから、大方、飛脚屋の忠兵衛さ。こちらの女郎は浜村屋（瀬川菊之丞の屋号）という者で、梅という字が付いているから、確かに梅川さ。早くその次を開けな」

（読者の女中）「そんなら、この敵役《かたきやく》は、さしずめ、中の嶋の八右衛門でござりやしょう。色男の紙入を盗んで、中《なか》の印判《いんばん》をせしめ、うまいうまいという顔をしておりやす。憎らしいね」

場面が変わって次の挿絵は「亀屋」の家になり、忠兵衛が押しかけた捕手に捕まるところが画かれている。

（読者の男）「待ちなせえ。こゝは、暖簾に〈かめや〉と書いてあるから、忠兵衛が家さ。取手が大勢きて、こっちらに米がたんと積んである」

土山が絡んだ「飛脚問屋十七屋孫兵衛の米買上げ不正事件」をほうふつさせるようなセリフにしてある。

あっと驚く奇想天外な仕掛けは、ほかにもあった。梅川・忠兵衛の生霊が八重桐・高尾の幽霊に憑りつくのである。現実とアベコベの状況に置かれた4人は、どうなるのか。

「八重桐・高尾、思わぬ縄目に合い、幽霊のことゆえ、『例のとおり、消えてしまわん』と思えども、忠兵衛・梅川が生霊憑《と》りついているゆえ、消えることもままならず、大いにてこずる」

読者は笑うしかないのだ。

「綱紀粛正」の標的

「近年多いものは、つぶれ武士、乞食旗本、火事夜盗、金借座頭、分散の家」

と皮肉った落首が現れるほど、武士道の堕落は誰の目にも明らかだった。

松平新政権は、腐敗した世相を一掃しようと意気込んだ。そして、「綱紀粛正」の名のもとに狙い撃ちしたのが、1788（天明8）年から翌1789（寛政元）年にかけて蔦重が発刊した黄表紙2冊。朋誠堂《ほうせいどう》喜三二《きさんじ》の『文武二道万石通《ぶんぶにどうまんごくとおし》』とその続編と位置づけた恋川春町の『鸚鵡返《おうむがえし》文武二道《ぶんぶのにどう》』で、両著者には「武士」という共通点があった。

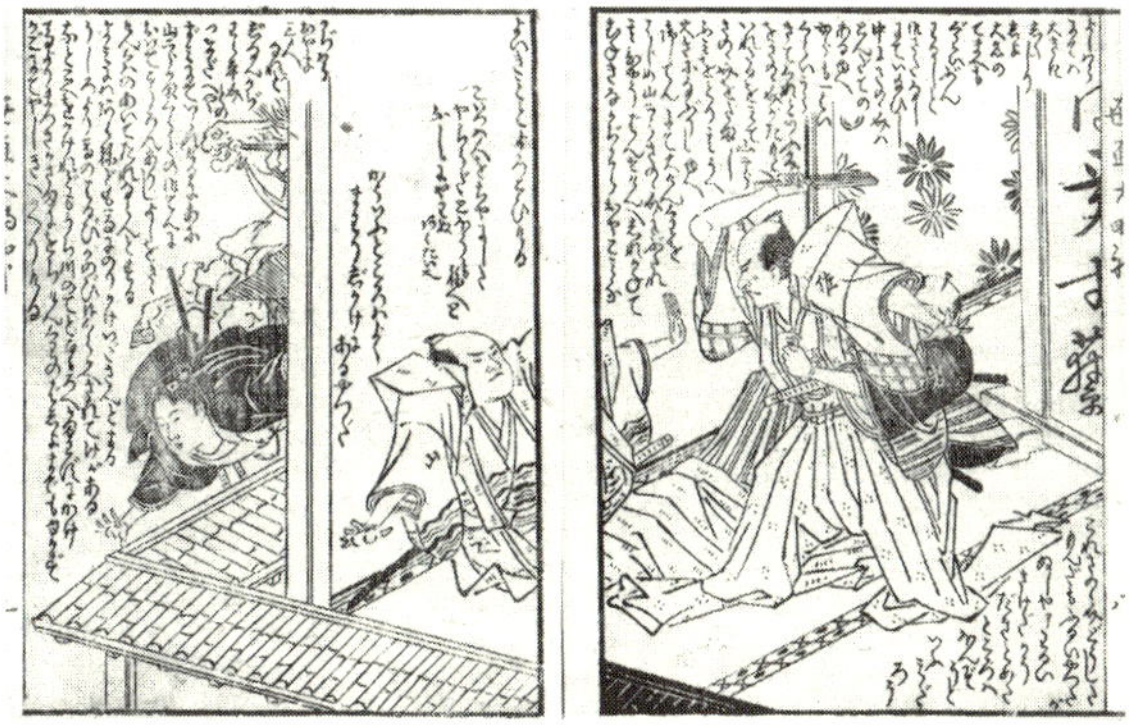

田沼意知殺害事件を扱った『黒白水鏡』（国立国会図書館）

石部琴好《いしべきんこう》の『黒白水鏡《こくびゃくみずかがみ》』と唐来参和《とうらいさんな》の『天下《てんか》一面鏡梅鉢《いちめんかがみのうめばち》』も狙われた。両書は1789（寛政元）年刊である。石部琴好は幕府御用達の商人で、唐来参和は娼家の養子で通称和泉屋源蔵だが、元は武士（某高家《こうけ》の出）ということで、マークされたのだろう。

以上4冊は、いずれも政治の裏面を「穿《うが》ちすぎている」と判断されて絶版にされ、著者は罰せられた。喜三二は秋田藩の「江戸詰家老」の地位を解かれ、国元へ返されて一件落着。琴好は幕府御用達という点を重く見られたようで「江戸払い」

となり、以後の消息が不明となる。

山東京伝も「過料《かりょう》」処分を食らった。著書を問題視されたのではない。北尾政演の名で『黒白水鏡』の挿絵を画いたのが引っ掛かったのである。

松平定信は、恋川春町に大きな関心を寄せていた。小島《おじま》藩1万石という小藩とはいえ、責任ある重役の地位にいたからだ。

定信は、一橋家、清水家と並ぶ「御三卿《ごさんきょう》」の田安家の出だが、白河藩主の久松松平家の養子になって「松平」（徳川の本姓）へと変わった。一方、喜三二の主君は滝脇《たきわき》松平家へ婿入りして駿河小島藩5代藩主となっている。久松松平家は「家康の異父系。家康の生母お大の方が久松家に再嫁して産んだ子の家系」なのに対し、滝脇松平家は「三河譜代の庶家（分家）『十四松平《じゅうしし》』」で、家格からいうと定信より喜三二の主君の方が上のような印象を受ける。

恋川春町は、本職の方の仕事が多忙になって、1785（天明5）年から1787（天明7）年まで3年間休筆していた。春町自身が「四、五年以来、草双紙の作を休みて」と1788（天明8）年の蔦重刊の黄表紙『悦《よろこんぶ》贔屓蝦夷横領《ひいきのえぞおし》』の序で言及している。

休筆期間中の例外は、2人の門弟の作品に序と跋（恋川好町《すきまち》〈鹿津部真顔《しかつべのまがお》の戯号〉の黄表紙

『芸自慢童竜神録《げいじまんどうりゅうのじんろく》』〈版元は日比谷加賀〉の序。恋川ゆき町『今渡唐織曾我《いまわたりからおりそが》』〈版元は西村屋与八〉の跋《ばつ》）を寄せたのと、蔦重の依頼で画工北尾政演として彩色絵本『吾妻曲狂歌文庫《あずまぶりきょうかぶんこ》』に登場する50人の似顔浮世絵を画き、同書に狂歌1首を載せたことだけ。公務では、休筆最終年となった1787（天明7）年7月には「年寄本役」を仰せつけられ、20石加増の120石に昇進している。そんな恋川春町が蔦重に勧められて、休筆明けの年に書いたのが『鸚鵡返文武二道』だったのである。

謎の死を遂げた〝江戸の文豪〟恋川春町

恋川春町の休筆明けの新作の書名に入った「鸚鵡」という言葉には、蔦重の意向が仕掛けてあった。「喜三二の真似＝続編」という意味を込め、同時代の武士なら誰もが頭に思い浮かべた定信の著書の1冊『鸚鵡言』をも重ねたのである。

『鸚鵡言』は1786（天明6）年に定信が書いた随筆だが、出版されていないこともあって、武士の間でさかんに写本され、広く読まれていた。

恋川春町は、松平定信直々に呼び出されたが、病気を理由に拒み、7月7日に死んだ。表面的には「病死」とされているが、「自殺」説も囁かれた。もしそうであれば、「主君に恥をかかせた不始末のけじめ」として、最期は武士らしく、「死をもって詫びた」ということではないだろうか。享年46。

辞世の詩と歌を刻んだ墓碑が菩提寺の浄覚寺《じょうかく》（今の成覚寺《じょうかく》）にある。詩は「生涯苦楽四十六年　即今脱却浩然帰天」と2行になっているが、中国最古の詩集『詩経』に由来する「四言詩《しごん》」と解すべきだろう。そうすれば、縦にも横にも斜めにも読めるようになり、何らかのメッセージを仕掛けたのかもしれない。そんな風に筆者は考えるのである。

生涯苦楽　　生涯の苦楽
四十六年　　四十六年
即今脱却　　即ち今脱却し
浩然帰天　　浩然として天に帰す

「苦もあれば楽もあった46年間のわが人生を終えるにあたり、公明正大で何ひとつ恥じることのない気持ちで天に昇るのだ」という内容だが、四行詩は墓誌銘によく使われた。四行詩は偶数行の最後の字が韻を踏む形式で、この詩では「年」「天」が韻字だ。

歌の方は、酒上不埒《さけのうえのふらち》としての狂歌ではなく、自殺を思わせるまじめな内容の和歌で、小島藩士倉橋格《かく》としての辞世なのか。

われも万《ま》た身はなきものと思ひしが今ハのきハゝさ比《び》しかり鳧《けり》
（自分もまた、この命はないものと覚悟してはきたが、いまわの際は寂しいものだ）

1775（安永4）年に作画二刀流で挑み、黄表紙の嚆矢となる『金々先生栄華夢』で草双紙の流れを一変させ、以後、大ヒットを連発した天才戯作者恋川春町は、多くの読者や版元たちに惜しまれながら、1789（寛政元）年に人生の幕を閉じた。

一方、蔦重には何の咎めもなかったが、幕府は仕掛人として処分するための証拠固めを進めていた。1790（寛政2）年の一連の処分は、筆禍事件の序章に過ぎなかったのだ。「恋町急死」の報せを受けた蔦重は、仕掛人としての責任をどう痛感したのか。それに関する記録も伝聞もないが、何の衝撃も苦悩も悲しみも感じなかったはずはない。蔦重41歳。1790（寛政2）年の夏の悲劇だった。

筆禍事件を読み解く

曲亭馬琴は、『伊波伝毛乃記《いわでものき》』で筆禍事件を次のように評している（傍線は筆者）。
「官禁によって、洒落本の出版は禁じられただけでなく、黄表紙に博奕《ばくち》や遊里を描写することも許されなくなった。ところが版元耕書堂の蔦重は、利欲に目がくらんで禁制を犯し、躊躇する京伝を説得して2種類の黄表紙を書かせ、表紙に小さく『教訓読本』と書き入れて発行した。書名は吉原をテーマにした『錦の裏』、深川が舞台の『仕懸《しかけ》文庫』などである。登場人物の名は鎌倉時代の人物にしてはあるが、書いてあるのは遊里のことばかり。この2書はよく売れて、版元が利益を得ることが多かった」

（于時《ときに》官禁ありて、洒落本を禁ぜらる。且《かつ》草冊子《くさぞうし》といふとも、博奕《ばくち》及び遊里嫖客《ひょうかく》の趣を書《かき》あらはすことを免《ゆる》されず。然《しか》るに書肆耕書堂《こうしょどう》〔蔦屋重三郎〕、頻《しき》りに利欲に惑《まど》ふて禁を犯し、京伝に勧めて二種の洒落本を作らしめ、表嚢《ウハブクロ》に『教訓読本《きょうくんよみほん》』と小書《こがき》して発兌《はつだ》せり。其書《そのしょ》は『錦の裏《ウラ》』〔吉原の洒落本なり〕、『仕懸文庫』〔深川の洒落本なり〕、等是なり。其書中の人物の姓名は、鎌倉将軍時代に取りなほしたれども、其趣は専ら今の遊里のうへを尽したり。この二書又大《いた》く行れて、板元の利を射ること多かりけり）

　上記の馬琴の文中で気になるのは蔦重が「利欲に惑って禁を犯した」とある件《くだり》だが、馬琴は、『近世物之本江戸作者部類』でも、上記の「頻《しき》りに利欲に惑ふて禁を犯し」と同様のことを書いている（傍線は筆者）。

「寛政二年官命《かんめい》ありて洒落本を禁ぜられしに、蔦屋重三郎〔書肆 并《ならびに》 耕書堂〕、その利を思ふの故に、京伝をそゝのかして又《また》洒落本二種を綴らして、その表袋に教訓読本　かくの

ごとくしるして、三年正月、印行したり」（巻之一　洒落本幷作者部）

馬琴はそのように決めつけているが、蔦重は商人だから銭儲けをするのは当然としても、書物発刊の目的はそれだけではなかったことは改めていうまでもなかろう。

町奉行の初鹿野《はじかの》河内守が１７９１（寛政３）年3月に京伝や蔦重らに下した判決文には、「利欲に惑って禁を犯した」といった文言が見当らないことから、馬琴の私見と考えるべきだろう。

いずれにせよ、京伝や蔦重らに申し渡された判決は、他の版元や出版に携わる版木屋ら業者に対する「見せしめ」にする狙いがあって、相当重かった。

「作者京伝は手鎖〔五十日にして御免ありけり〕、板元重三郎は身上《しんしょう》半減の闕所《けっしょ》を仰せ付けられ、行司両人は商売御かまひ（禁止）のうへ、所《ところ》追放（所払い）を仰せ付けられ、『錦の裏』『仕懸文庫』及び古板の洒落本も、皆絶板を仰せ付けられけり」

手鎖の期間は30日、50日、１００日の3種類あり、京伝に科された50日間の手鎖は、5日に1回、奉行所に出頭して手鎖の封印をチェックされた。

前代未聞の京伝の手鎖といい、財産半分没収の蔦重といい、厳しすぎる罰を受け、刑に服した後の蔦重と京伝の生き方は対照的だった。太っ腹な蔦重は事件前とほとんど変わらなかったのに対し、京伝はひたすら謹慎したので、かえって世間の評判が上り、子どもでさえその名を知るほど有名になったと『伊波伝毛乃記』は伝えている。

「板元（蔦重）は元来、大腹中《おおはらちゅう》の男なりければ、さのみ畏《かしこま》りたる気色《けしき》なかりしが、京伝は深く恐れて、是《これ》より謹慎第一の人となりぬ。且《か》つ口斎《モノイマヒ》する（不吉な言葉は別の言葉に言い換える）ことも、この比《ころ》より始まれり。此事《このこと》、世上一同に風聞せし程に、京伝の名はいよ〱《いよ》高くなりて、牛打童《うしうつわらわ》（牛追い少年）、蜑《あま》（漁師）の子どもまで知らざるはなし」

山東京伝は、それまで戯作者が目を向けなかった「昼間の吉原の様子」を書いた『錦之裏』を発想したいきさつを自序に「ある日、蔦重がやって来て『黄表紙の新作案はあるか』と聞いたので、『ある、ある』と答えて安請《やすう》け合いしてしまった」（一日書肆蔦唐丸来て曰《いわく》、例の小冊の案じはありやなしやと。予答て曰、まだある〱と、素癡《こけ》な道念《どうねん》みる様に、安請合《やすうけあい》にうけたがひて、ヽト執笔《ふでをとっ》た所が、無《ない》ものは銭金とよい思案也）と書いている。

京伝は、それに続く「附言」では、蔦重が「教訓」という〝したたかな売り方〟をした点についても言及、幕府の取り締まりを明らかに意識した次のような弁解がましい論を展開している。

「中国の春秋戦国戦時代の詩人宋玉《そうぎょく》（楚の政治家屈原《くつげん》の弟子）は『登徒子好色賦《とうとしこうしょくふ》』（登徒

子は「好色漢」の意）を作って色情を戒め、日本の紫式部は『源氏物語』五十四帖に艶《うわきらしき》言《こと》を述べて色欲を戒めた。それらは、仏が衆生を妙理に教導する手段として、わかりやすい喩え話を使うのと何ら異ならない。

自分もしばしば妄《みだ》りな著述をし、淫蕩なことを伝えていると受け取られがちだが、戒めを忘れることは絶対になく、喜怒哀楽の人情を述べ語ることで勧善懲悪としたいと願う思いもある。早い話が児童を戒めるのに飴を与え、お灸を据えるのと同じである。

つまり、飴は比喩で手段。そして灸は仁義五常（仁義礼智信の五徳）なのだ。であるから、この冊子に〈教訓〉の2文字を冠することは、こじつけでも何でもない。本書を読む人は、そのあたりのことをよく理解していただきたい」

この附言を入れるように要望したのは蔦重である。

馬琴が京伝の代作を2本

過去のことにくよくよしない蔦重と違って、小心翼々とした性格の京伝は、9月下旬にようやく手鎖が解かれて自由の身となっても、なかなかショックから立ち直れず、仕事どころではない精神状態が続いていたらしいことが、馬琴の『伊波伝毛乃記』からわかる。

当時の京伝の様子は、超訳すると次のようだった。

「初頭の頃、京伝の手鎖が解かれるのを待ちかねたように、版元の蔦重や鶴屋らが訪ねて来て、明春出版する草双紙を書いてもらおうと必死の形相で迫るので、とてもそんな気にはなれなかったが、日頃の義理もあって断るわけにもいかず、京伝はしぶしぶ引き受けたものの、謹慎していたときの自責の念が今も尾を引いており、筆が進まなかった。そういう様子を見るに見かねた馬琴は、京伝が注文を受けた4冊のうち2作を代作。1ヵ月余で何とか書き上げて事なきを得たが、京伝はそれ以降、書かなかった」

（初冬の比《ころ》、手鎖《てぐさり》御免《ごめん》の後、例の板元蔦屋・鶴屋等、明春開板の草双紙の稿本《タネホン》を求めて已《や》まざるに、年来の義もあれば、推辞《イナム》ことを得ず。然れども時節は後《おく》れ、且《か》つ畏《かしこま》りの余気《よき》あるをもて筆硯《ひっけん》に親しまず、之《これ》に依《よ》りて馬琴窃《ひそか》に代りて作り、或は京伝の趣向によりて専ら著述を資《たす》けしかば、数種の冊子、一ヶ月余にして稿《こう》し了《おわ》り、明春開板することを是《これ》より、京伝洒落本の作をせず）

「どんどん書け」と煽る蔦重、「とてもそんな気にはなれない」と拒む京伝。そのとき助っ人を引き受けて代作をしたのが、京伝宅に居候していた馬琴だった。蔦重は代作を歓迎せず、それは困るといったものの、背に腹は代えられず、承知するしかなかった。

馬琴が代作したのは、京伝作として刊行された4冊のうちの2冊の黄表紙。『竜宮《たつのみやこ》韲《なまぐさ》鉢《はちの》木《き》』（2巻）と『実語《じつご》教幼稚講釈《きょうようちこうしゃく》』（3巻）である。挿絵を担当した画工は、『竜宮《たつのみやこ》韲《なまぐさ》鉢《はちの》木《き》』が北尾重政で、『実語教幼稚講釈』の方は、のちの葛飾北斎、勝川春《かつかわしゅん》朗《ろう》だった。

京伝の処罰は二度目だったから、よけいにこたえた。

最初の処罰は3年前。前述したように、画工北尾政演というもう一つの顔で、1789（天明9＝寛政元）年初春発売の黄表紙『黒白水鏡《こくびゃくみずかがみ》』の挿絵を画き、「過料」に処されている。「比較的軽い犯罪に課された罰金刑」であっても気の小さい京伝には苦痛だった。

寛政の改革が進むにつれて、出版物、とくに「時事風刺作品」を見る奉行所の目はだんだん厳しくなり、黄表紙『黒白水鏡』（2巻1冊）にレッドカードを突きつけたのである。作者は、石部琴好《いしべきんこう》（本名松崎仙右衛門）。石部が幕府の御用商人だった点も奉行を刺激しただろう。

吉宗時代の大岡越前守の先例

ここで、蔦重ら江戸の書肆の出版活動を規制し、人生をも狂わせた法律「書籍取締令」について触れておこう。

定信が寛政の改革の手本とした吉宗の「享保の改革」では、出版物や出版業者にも厳しい目が向けられた。町奉行は、1721（享保6）年8月、江戸の版元連中に対して「書物仲間」の設立を命じ、仲間員47軒を公認し、組織を運営する「行事」（正式名「書物改役行事」）を2名選出させ、自主検閲を行わせる新体制としたのである。

江戸北町奉行の初鹿野河内守が1790（寛政2）年10月27日に蔦重ら地本問屋20軒に出頭を命じ、「前々から命じたことが守られず、風俗が乱れて、いつのまにか猥りがましくなったので、仲間行事2人を立てて自主検閲を行うようにせよ」と申し渡した文書が残っている。参考までに、その全文を掲出しよう。

「書物類の儀、前々より厳重に申し渡し候《そうろう》処《ところ》、いつ与《と》なく猥《みだ》りに相《あい》なり候。何に寄らず、行事改め候《そうらい》而《て》、絵本・草双紙の類までも風俗のために相ならず。猥《みだ》りがましきこと等、もちろん無用に候。一枚絵の類は画《え》のみに候《そうら》はば、大概は苦しからず。もっとも言葉書き等これ有れば、よくよくこれを改め、如何《いかが》なる品々は板行《はんこう》致すまじく候。右に付き、行事改めを用いざる者に候《そうら》はば、早々に訴え出るべく候。又は改め方不行届か、或は改めに洩れ候はば、行事も落ち度になるべく候。右の通り、相《あい》心得申すべく候。もっとも、享保年中に申し渡し置き候趣《おもむき》も猶また書付け候《そうらい》而《て》、相渡し候間《あいだ》、此度《このたび》申し渡し候義、相含め改めて申すべく候」

文中の享保年中に申し渡した云々と述べているのは、吉宗の享保の改革を受けて、大岡越前守が定めた法令である。だが、初鹿野河内守は、上記の申し渡しだけでは不十分と判断したのか、翌年11月、5ヵ条から成る厳しい内容の「書籍取締令」を発出、出版物の取り締まりを強化した。その法令は、江戸時代を通じて基本法とされたきわめて重要な法令なので、原文も併記して以下に示したい。

5ヵ条の享保の出版規制

一、今後出版される書物で、猥《みだら》なもの、根拠のない説などの制作は固く禁止する。

(自今《じこん》新板《しんぱん》書物《しょもつ》之儀《のぎ》、儒書、仏書、神書、医書、歌書、都《すべ》て書物類其筋《そのすじ》一通《ひととおり》之事《のこと》は格別、猥《みだり》成《なる》儀、異説等を取交《とりまぜ》作り出し候儀、堅可レ為ニ無用一事《かたくむようたるべきこと》)

一、これまで出版された書物のうち、好色本は風俗としてよくないので、だんだん絶版にすること。

(只今迄《ただいままで》有来《ありきたり》候《そうろう》板行物之内《うち》、好色本之類ハ風俗之為《ため》にもよろしからざる儀ニ候間、段々相《あい》改《あらため》、絶板可レ仕《つかまつるべく》候事)

一、人々の家筋、先祖のことなど、あれこれ間違ったことを新作の書物に書き記し、世の中に広める行為は、今後、停止せよ。もしそのようなことがあれば、その子孫から訴えがあった場合、厳しく取り調べることになろう。
（人々家筋、先祖之事などを、彼是《かれこれ》相違之儀とも新作之書物に書顕《かきあらわ》し、世上《せじょう》致二流布一候儀有《これ》レ之《あり》候、右之段自今御停止《ごちょうじ》ニ候、若《もし》右之類有レ之《これあり》、其《その》子孫より訴出《うったえいで》候ニおゐては、急度《きっと》御吟《ごぎん》味《み》可レ有レ之筈《これあるべきはず》ニ候事）

一、どんな書物も、今後新刊するときは、作者と板元の実名を奥書に明記せよ。
（何《なんの》書物ニよらず此以後《これいご》新板之物、作者并《ならびに》板元之実名、奥書《おくがき》ニ為レ致可レ申《いたさせもうすべく》候事）

一、家康公のことはいうに及ばず、徳川家や幕府に関わる内容の出版は禁止する。どうしてもそうせざるを得ない場合は、町奉行に願い出て指示を仰ぐこと。
（権現様之御儀《ごんげんさまのおんぎ》は勿論、惣《すべ》て御当家之御事《ごとうけのおんこと》、板行書本《かきほん》、自今無用ニ可レ仕《つかまつるべく》候、無レ拠《よんどころなき》子細《しさい》も有《これ》レ之《あれ》は、奉行所え訴出指図受可レ申《うったえいでさしずをうけもうすべき》事）

右の内容に従って、今後新作ができたとしても、検閲を受けた上で商売しなければならない。定めに背いたものがあれば、奉行所へ訴え出よ。刊行から数年後に判明したとしても、その版元・問屋には厳罰を申し付ける。仲間内でしっかりと検閲し、違反なきように心得よ。
（右之《みぎの》趣《おもむき》を以《もって》、自今新作之書物出候共《いでそうろうとも》、遂二吟味一《ぎんみをとげ》可レ致二商売一《しょうばいをいたすべく》候、若右定ニ背《もしみぎのさだめにそむき》候者有レ之《これあれば》は、奉行所え可二訴出一《うったえいでるべく》候、経二数年一《すうねんをへて》相知候共《あいしれそうろうとも》、其《その》板元、問屋共《とも》ニ、急度可二申付一《きっともうしつけるべく》候、仲間致二吟味一、違犯《いはん》無レ之様《これなきよう》ニ可二相《あい》心得一《こころうべく》候）

このような厳しい条項で業者をしめつける一方で、幕府は5年後の1727（享保12）年3月には、元禄年間（1688〜1704年）に定めた業者の権利を守るための規制「重板・類板の禁止」の徹底を図るための「通達」も出した。

こうした禁止条項と出版物は、「イタチごっこ」のようだった。奉行所の「通達」や「町触」はしばらくの間は効果があったが、ほとぼりが冷めるとまた守られなくなる。するとまた、「いつとなく猥りになった」という理由で、また町触や通達が行われる。その繰り返しだったのだ。たとえば、江戸の「町触」が最初に出されたのは1673（寛文13）年5月で、以後、1684（貞享元）年4月・11月、1698（元禄11）年2月、1713（正徳3）年5月と散発的に発せられてきたが、享保年間に入ると、上記のような厳しい禁止令が出されることになったのだ。

その後、1735（享保20）年5月、1741（元文6／寛保元）年正月の町触などを経て、田沼時代にはほとんど忘れられた感があったが、寛政になると再び享保の禁止令が持ちだされ、『黒白水鏡』事件を経て、京伝や蔦重が重罪に処されるショッキングな筆禍事件が勃発する1791（寛政3）年へと突き進むのである。

『黒白水鏡』の挿絵で京伝に「過料」

石部琴好の『黒白水鏡』のテーマは、江戸市民に限らず、誰もが知っている5年前の1784（天明4）年3月24日に江戸城内で起きた事件を扱った〝きわもの〟だった。旗本の佐野善左衛門（28歳）が、殿中であることもわきまえず、老中田沼意次の長男で若年寄の意知《おきとも》（36歳）に対して刃傷沙汰に及び、重傷を負わせたのである。意知は4月2日には絶命、事はそれだけで終わらず、父親の老中田沼意次が失脚するきっかけをつくった。

京伝の弟京山は、1846（弘化3）年、78歳のときに書いた回顧録『蜘蛛の糸巻』で同事件に触れ、「主殿頭《とのものかみ》（意次）長男大目付《おおめつけ》松平対馬守（忠郷《ただきと》）が佐野を組み止め、目付の柳生主膳正《やぎゅうしゅぜんのかみ》（久通《ひさみち》）が血刀を奪い、4月3日に山河下総守（山川下総守貞幹《さだもと》）が座敷庭上にて切る。佐野殿ハ、浅草本願寺内徳本寺に葬る」とし、「香花を手向くる人、貴賤老若群をなせり」と述べている。意知は切腹し、目付の山川貞幹が検視役だったのである。

琴好は「出版規制令」に違反した廉《かど》で奉行所に呼び出されて取り調べを受け、「手鎖数日の後、江戸追放」という厳刑に処された。そのとき、画工北尾政演として同書の挿絵を描いた京伝にも「過料」（罰金）が課された。

ただし、版元の名は『黒白水鏡』には記載されておらず、不明とされた。だが、「第7段」にある挿絵をよく見ると、質屋の店先で親父と対話している番頭が大福帳を手にしており、それに「伊勢屋」と書いてあり、北尾政演こと山東京伝がよくやる「それとなく匂わせる手法」から推して同名の書肆「伊勢屋」ではないかと思えるのだ。用心深い伊勢屋が、禁を犯しても万が一に備えて本に板元名を入れなかったに違いない。

伊勢屋ほど警戒心が強くなかった石部琴好は、過去の事例から学んでおらず、時代設定は鎌倉時代に変えたものの、おおっぴらに話題にすることが禁忌とされている上記の事件を軽い気持ちで扱って、幕府の神経を逆《さか》なでしてしまったのである。

虎の尾を踏んだ石部琴好の『黒白水鏡』の書き出しは、こうなっていた。

「そも〳〵《そも》源頼朝公より十代目の将軍に、当世公《とうせいこう》と申《もうし》けるは、たゞ世の中を通《つう》にし給いしより、野暮なものは、箱根から先を尋ねてもなし」

当世公とは、現将軍という意味である。物語は、鎌倉時代の話や人物に仮託して描いてあるが、文中の頼朝は家康であり、当世公は家康から数えて10代目の将軍家治《いえはる》という見立てで、家治の治世下の出来事が描かれていることは誰が読んでもすぐわかった。わかるように書いているのだから、当たり前の話だ。

歌舞伎や人形浄瑠璃で過去の事件を題材にするときは、史実をそのまま描くことが禁じられていたので、時代設定や人名も変えるのが鉄則で、戯作者たちのお手本にされたのは、浄瑠璃や歌舞伎の人気演目となっている『仮名手本忠臣蔵』である。

赤穂浪士が吉良《きら》上野介《こうずけのすけ》の屋敷へ討ち入ったのは１７０２（元禄15）年の12月14日だが、その事件を題材にした『仮名手本忠臣蔵』が大坂竹本座で初上演されたのはそれから50年近くも経った１７４８（寛延元）年のことで、しかも、時代を南北朝の内乱時代に移し、主人公の大石内蔵助《くらのすけ》は大星由良之助《おおぼしゆらのすけ》に、浅野内匠頭《たくみのかみ》は塩冶判官《えんやはんがん》に、吉良上野介は足利尊氏の側近高師直《こうのもろなお》に置き変えて描くという、二重三重の配慮がなされた。『仮名手本忠臣蔵』の初演は、蔦重が生まれる２年前の出来事になる。

『黒白水鏡』の最初の見開きページに描かれた挿絵は、屏風を背にした上座に当世公が座り、下座には向かって左側に２人、右側に１人の武士が配置されている。それぞれの人物が誰であるかが読者にすぐにわかるように、着衣には紋が入っている。左側の２人の紋は

「山」と「梶」で、梶原山二郎《さんじろう》とその父梶原鹿沼《かぬま》、右側の武士の紋は「岩」で岩永勝元とわかる。

鹿沼は田沼に通じ、梶原鹿沼が田沼意次とわかり、山二郎は山城守意知に通じ、岩永勝元は御側衆《おそばしゅう》筆頭の稲葉越前守正明のことだ。こういう仕掛けを「うがち」というのだ。

幕府を皮肉った表現は、ほかにもいっぱいあった。たとえば、田沼政治が盛んに取り立てた「運上《うんじょう》」と呼ぶ税を、「ふんじょう」（「糞上」の意）と当てこすったのもその一つ。こんな風にである。

「万民の難儀するをもかえりみず、かぬま・かつもとの指図にて、一間《いっけん》に付き何〆目《なんかんめ》ずつのふんじょうを下され、諸商人、大きな所は、たゞの御ふんじょうのほかに、家割りまで割付けられ、難儀するとは、とんだことなり」

松平定信の家紋を連想する『天下一面鏡梅鉢』

『黒白水鏡』と同じ寛政元年に発刊された唐来参和《とうらいさんな》作・栄松斎長喜《えいしょうさいちょうき》画の黄表紙『天下一《てんかいち》面鏡梅鉢《めんかがみのうめばち》』（3巻）も、寛政の改革を風刺して絶版処分を受けた。梅鉢は松平定信の家紋であり、目を付けられて当然。版元が不明なのは逃げ道で、確信犯だったのだろうか。

同書の書き出しは、こうなっている。
「神皇《じんのう》六十代醍醐《だいご》天皇と申し奉るは聖徳いみじき君にましまし御年《おんとし》十三にして十善《じゅうぜん》の御《み》位《くらい》をうけつぎ給えば、右大臣菅原の道真公御師範《ごしはん》として万機《ばんき》の祭事を補佐し、仁をもって民にほどこし給えば、いやましに治まる天が下、異国までもなびかぬ草木もな延喜《えんぎ》の聖代とはこの帝をさして申したてまつるもことわりなり」

要するに、醍醐天皇の治世下の話で、右大臣の菅原道真が善政を行ったから文武両道がさかんになり、国が豊かになって世の中がよくまとまったと述べているのだが、そういう時代の話かと思って読み進めると、さにあらず、事実と逆のことをたんまり書いて寛政の改革をおちょくっているのだ。この手法が書く側・出版する側の常套手段である。

第60代醍醐天皇の治世（901〜922年）は、後世、「延喜《えんぎ》の治」といわれ、第62代村上天皇の治世（946〜967年）の「天暦《てんりゃく》の治」とともに、摂政・関白を置かない「天皇親政による理想的政治」が行われた時代として「延喜・天暦の治」と並び称され、のちの後醍醐天皇は醍醐天皇を追慕して生前に自らそう名乗ったほどだ。

蔦重の〝逃げ口上〟

1790（寛政2）年、松平定信は「洒落本禁止令」を発した。だが、蔦重は、したたかだった。禁令をあざ笑うかのように、京伝に〝浦島太郎異聞〟ともいうべきSF風黄表紙『箱入娘《はこいりむすめ》面屋《めんや》人魚《にんぎょう》』を書かせ、翌年正月に刊行したのだが、そこは商売上手な蔦重、お上や世間への〝逃げ口上〟も用意した。

巻頭に両手をついて読者に詫びる自身の姿の挿絵を載せ、「蔦唐丸《つたのからまる》」の狂名で次のような「口上」を述べたのである。超訳すると、次のようになる。

「戯作者京伝は、こう申しました。『今日までかりそめにも拙い戯作を創作して読者にご覧に入れてきましたが、そのような無益なことに歳月と筆や紙を費やしたのは誠にもって愚の骨頂。特に昨春の一件（『黒白水鏡』で過料を科された事件）では、世間に悪い評判が立ってしまい、深く恥じ入るばかり。でもって、当年以後は戯作をやめたい』と。私はその申し出を固く断りました。そのようなことになっては、読者の皆々様からご贔屓《ひいき》を賜わっております私どもの店が、たちまち傾いてしまう。だから、そんなことはいわず、当年だけでも書いてほしいと頼みますと、京伝も長い付き合いの私を気の毒に思ってくれ、決意を曲げたのでございます。そういう危機を乗り越えて、新板の洒落本および絵草紙の刊行に漕ぎつけました。ご興味がおありのお方は、巻末にご案内しました外題《げだい》・目録をご覧の上、お求めくださいますようお願い申し上げます」

（作者京伝申候は、ただ今までかりそめにつたなき戯作仕《つかまつ》り御らんに入候《いれそうら》へども、かやうのむゑ《え》きの事に月日および筆紙をついやし候事、さりとはたはけのいたり、殊に去春なぞは世の中にあしきひやうぎをうけ候事、ふかくこれらをはぢ候て、当年よりけつして戯作相《あい》やめ可申《もうっべし》と、わたくし方へもかたくことはり申候《もうしそうら》へ共《とも》、さやうにては御《ご》ひいきあつきわたくし見世《みせ》、きうにすいびに相成《あいなり》候事《そうろうこと》ゆへ、ぜひぜひ当年ばかりは作《つくり》いたしくれ候やう相《あい》たのみ候へば、京伝も久《ひさ》しきちいんのわたくしゆへに、もだしがたくぞんじ、まげて作いたしくれ候。すなはちしやれ本およびゑ《え》ざうししんぱん出来候間《できそうろうあいだ》、御好人《ごこうじん》さまはげだいもくろく御らんの上、御求可被下《おもとめくださるべく》ひとへに奉希候《こひねがひたてまつりそうろう》以上）

口上が効いたのか、さしあたってのお咎めはなく、蔦重は安心した。幕府が目を光らせているのは、遊里を書くことだとわかっているので、歌舞伎や浄瑠璃の人物を登場させるなど手を打ってはいるが、北町奉行の初鹿野河内守は蔦重を「一罰百戒の見せしめとなる重要人物」と位置づけ、摘発の機会を虎視眈々と狙っていた。

蔦重による苦肉の策

松平定信は、家臣（水野為長《ためなが》）に「隠し目付」か「密偵」のような役割を命じて、武士の素行や市中の様子をさぐらせ、報告書を提出させていた。その記録は残っており、まとめたのが『よしの冊子《ぞうし》』で、京伝が寛政3年に入牢した記事もそこに書いてある。

初鹿野河内守は、蔦重だけでなく、〝蔦重とはツーカーの仲のヒットメーカー〟山東京伝の動きにも神経をとがらせていた。京伝は、『天《てん》下《か》一面《いちめん》鏡《かがみ》梅鉢《うめばち》』と同年に似たような内容の黄表紙『孔子縞《こうしじま》于時《ときに》藍染《あいぞめ》』を発表していたにもかかわらず、何の咎めもなかった。その対応を深読みすれば、「京伝は必ず再犯する」と睨んでいたからではないのか。

そうとも知らず、京伝は1791（寛政3）年に蔦重の勧めるままに「洒落本3部作」を書いて、奉行所から摘発されるのである。

そのときの状況を馬琴は、のちに自著で、

「『錦之裏《にしきのうら》』『仕懸文庫《しかけぶんこ》』が売れて版元の蔦重は儲かったことが町奉行の耳にも入ったらしく、（1791〈寛政3〉年）夏5、6月頃、関係者が奉行所へ呼び出されて事情聴取を受けた」（『近世物之本江戸作者部類』）

と回想しているが、呼び出しを受けた時期は馬琴の記憶違いで、前記『よしの冊子』や『山東京伝一代記』では3月となっている。

また、馬琴は摘発対象となった洒落本を『錦之裏』『仕懸文庫』の2冊としているが、実際にはもう1冊あった。『娼妓絹籭《しょうぎきぬぶるい》』で、合わせて「京伝の洒落本3部作」と呼ぶのである。仕懸文庫とは、江戸深川の遊女の着替えの着物を持ち運ぶ手箱をいう。

3部作のおおよそのテーマは、角書から想像がつくようになっている。『錦之裏』は「青楼昼之世界」で遊郭の昼の顔を描くが、場所は吉原ではなく、「爰昔《ここにむかし》後一条《ごいちじょう》御宇《のぎょう》摂《せっ》州《しゅう》河辺《かはべ》郡《ごおり》神崎《かんざき》之《の》廓《くるはに》吉田屋《よしだや》喜左衛門《きざえもん》云有妓家《といふちょろうやあり》」と読本風に仕立てた文章をわざわざ四角で囲んで目立たせ、『仕懸文庫』は「大磯鎌倉」で表紙に［教訓読本］とわざとらしく謳って、「爰《ここ》に後鳥羽院《ごとばいん》の御宇《ぎょう》文治《ぶんじ》建久《けんきゅう》の昔、鎌倉の巽《たつみ》にあたつて一ッの女肆《いろざと》あり。大磯と名づく」とし、『娼妓絹籭』は「手段詰物《てくだつめもの》」で遊郭を扱っているが、「爰《ここ》にむかし、大坂新町の廓《くるわ》ちかきにいと閑《しづか》なる所あり」とするなど、いずれも時代設定を過去にしたり、舞台設定も変えるなど偽装工作をしている。

精一杯の抵抗というか、苦肉の策を懸命に講じたが、幕府には通じなかったのだ。

幕府の追及の厳しさ

幕府が「不届千万《ふとどきせんばん》」とみなして処罰する〝判断基準〟をごく簡単にいうと、本の内容が「不束《ふつつか》」「猥《みだら》」（猥《みだり》なる）「不埒《ふらち》」「放埓《ほうらつ》」かどうかである。

北町奉行初鹿野河内守の取り調べは執拗で、戯作者の山東京伝、版元の蔦重はもとより、検閲をした行事の伊勢屋吉兵衛と近江屋新右衛門の両名も厳しく尋問された。『山東京伝一代記』が記す「調書」（吟味書）には、「地本問屋の行事2人（伊勢屋と近江屋）が検閲し、許可した」（「かの洒落本にかゝづらひて出板を許したる地本《ちほん》行事二人〔いせ屋某、相《あい》行事近江屋某両人也〕」）との文言が見え、先述した『黒白水鏡』の版元と推測される伊勢屋吉兵衛は、近江屋新右衛門とともに京伝の洒落本3部作を検閲する「行事」だったことがわかる。両名は、「身上に応じた重過料」を申し付けられた。

板木屋の金六、新八も奉行の取り調べを受けた。彼らの自供内容を現代語訳すると、「昨年10月上旬、耕書堂に呼ばれたので顔を出すと、金八には『錦之裏』、新八には『仕掛文庫』『娼妓絹籭《しょうぎきぬぶるい》』の原稿を渡され、板行するようにと申し付けられた。受け取って持ち帰り、板木に彫り、同月下旬までに完成したので、蔦重方へ持参し手渡して手間賃を受け取った。そのとき思ったのは、当初は気づかなかったが、よく考えると、遊女が登場し、その放埓《ほうらつ》な体をさまざまに書き綴っており、町触にも背いている。そう思ったので蔦重にも伝えると、『行事が検閲し、売りさばいても問題ない』ということだったので売り出した」という返答だった」

調書は、行事がなぜ問題なしと判断したのかについても触れている。

「現在の遊里の風俗を描いてはいるが、昔の人物に仮託して書き表しており、かつ、深川あたりの料理茶屋や新吉原の様子も、あらわには書いていないので、三部とも売買しても構わないと心得違いをし、両者が相談し、売り出してもよいと蔦重に指示した」

蔦重は、どのように主張したのかといえば、行事たちとほぼ同じことを供述した。

伊勢屋について付記すると、彼が『黒白水鏡』に板元を記さなかった理由を改めて考察すると、1722（享保7）年に幕府が発した「書籍取締令」の第4条に「いかなる書物でも、奥書に作者と板元の実名を記せ」と定めてあり、その禁も犯していたが、「厳しく検閲すべき行事自身が禁止された〝猥《みだり》がましい〟黄表紙を自らが発刊していたというのでは洒落にならない」と考え、「きわどい内容」との認識はあったが、「それが逆に売れる要素になる」と判断し、万が一の摘発に備えて板元の名を入れず、黙秘し通したのだろう。伊勢屋にはそういう後ろめたさがあったから、蔦重・京伝コンビの「洒落本3部作」にあれこれ難癖をつける資格などなかったのである。

浮世絵仕掛人

未《ひつじ》

歌麿の光と影

若くて貧乏な荒削りの画工歌麿に秘められた類いまれな才能を見抜いた蔦重は、自宅に居候させ、美人を描かせたら右に出る者がいない浮世絵師に育てた。だが誇り高い歌麿は、蔦重が売り出した写楽に嫉妬して袂を分かつ。蔦重は、どう仕掛けたのか。

歌麿の画号の謎

「うたまろ」と読む画号は「歌麿」「喜多川歌麿」だけではない。「歌麿」という表記が最もポピュラーで馴染み深いが、哥という字を使った「哥麿」「哥麻呂」「喜多川哥麿」もあれば、「哥」「歌」だけ平仮名にした「うた麿」「うた麻呂」もあって、ややこしい。「制作時期によって異なるのではないか」と考えがちだが、そうでもなく、謎めいている。

前述したように、歌麿という字を用いた最初は黄表紙『身《み》貌《なり》大通《だいつう》神略《じんりゃく》縁起《えんぎ》』の挿絵を画いた28歳のときだったが、名乗った画号は「忍岡哥麿」。「上野の忍岡に住む哥麿」というわけだが、この画号から「忍岡」を外して「歌麿」とした理由はわかりやすい。引っ越したからだ。

どこへ転居したかといえば、蔦重が進出した日本橋である。大手書店が軒を並べる通油町の蔦重の耕書堂の居候となったからだ。いつから居候をするようになったかは不明だが、吉原の大門で開業していた蔦重が通油町へ引っ越したのは1783（天明3）年9月なので、それ以降というのは誰でもわかる。

その年、歌麿は、蔦重の指示で2冊の黄表紙の挿絵を画いた。奈蒔野馬乎人《なまけのばかひと》（志水燕十）の『右通慥而（みぎのとおりたしかに）啌多《うそしっかり》雁取帳《がんとりちょう》』と四方山人の『源平惣勘定』だが、前者は「忍岡哥麿」、後者は「忍岡歌麿」で、「うた」の字が違う。「発行年は同じでも発行月は不明」とされているが、前年の耕書堂でのデビュー作が「忍岡哥麿」だったことから考えると、同じ転居後でも、「哥」の字を使った『啌多《うそしっかり》雁取帳《がんとりちょう》』が先で、「歌」に変えた『源平惣勘定』が後ではないかと推測できる。

喜多川歌麿の喜多川は、歌麿の本名が北川で、蔦重が7歳で養子に入った叔父の名字と同音異字の喜多川を使ってはどうかと勧めて名乗るようになったので、「喜多川歌麿」と署名している作品は蔦重の家に居候し始めた時期と推定できる。

ところが、どっこい、そうは問屋が卸さない。その年の正月2日に書かれた唐来参和の洒落本『三教色』（小本1冊）では「うた麿画」、初春発行の燕十作の洒落本『忍岡うた麿』、発行時期不明の絵本『燈籠番付（とうろうばんづけ）青楼夜のにしき』という評判記では「喜多川哥麿」となっていて、画号を変えるのは単なる気まぐれなのかとも思えてくるが、粋がってそうしたのか。本の種類や戯作者によって変えたのか。あるいは、宣伝上手な蔦重のこと、わざとそうするように指示して話題づくりをしようとしたのだろうか。真相やいかに？

〃最大のライバル〃清長

「六大浮世絵師」といえば、鈴木春信、鳥居清長、喜多川歌麿、東洲斎写楽、葛飾北斎、安藤広重を指すが、蔦重は後発の書肆であるにもかかわらず、春信を除いたすべての画家と関わっていた点が出色で、特に蔦重が活躍した江戸中期から後期にかけて関わった「3大浮世絵師」を活躍順に挙げると、春信、清長、歌麿ということになる。

春信は、多色摺《ずり》の木版画「錦絵」の創始者として知られ、繊細で流麗な絵を描いた明和期（1764～1772年）を代表する浮世絵師で、清長が天明期を代表する浮世絵師なら、歌麿は寛政期以降を代表する浮世絵師だった。

式亭三馬は『稗《くさぞう》史《し》億説年代記《こじつけねんだいき》』のなかで、清長と歌麿を次のように評した。

「鳥居清長、当世風の女絵一流を書き出《い》だす。世に清長風という」

「うた麿、当時の女絵を新たに工夫する」

歌麿は、当初から才能はあったが、努力もすごかった。歌麿がトップスターの座に君臨するまでの浮世絵界の大スターは鳥居清長で、何人もの女性を同一画面で描く際の構図が絶妙で、歌麿は清長の真似をすることで追いつこうと必死に頑張り、やがて独自の絵を完成させ、ついには清長人気を抜き去ることに成功したのである。

清長が描いた美人画は、三大揃物《そろいもの》といわれる「当世遊里美人合《とうせいゆうりびじんあわせ》」「風俗東之錦《あずまのにしき》」「美《み》南見十二候《なみじゅうにこう》」に見られるように、背が高く健康的で清楚な全身像の女性だったが、歌麿のそれは、体の部分を省いて上半身だけを描いた「大首絵」からわかるように、繊細で色っぽい顔の表情に大きな特徴があった。

清長と歌麿は、清長が1歳上と年齢こそ近似していたが、それ以外は何から何まで対照的で、性格の違いも顕著だった。

清長は温厚でおとなしく、周囲と協調するタイプだったが、歌麿は個性的で気性も好き嫌いも激しく、周囲に溶け込めないタイプだった点が2人の天才画家の違いである。

ダブル対決（西村屋VS蔦重、清長VS歌麿）

清長をほぼ独占していた版元は、「永寿堂」の屋号で日本橋馬喰町二丁目で地本問屋を営む初代の西村屋与八だった。鳥居清長らの錦絵で売り出し、清長人気に火をつけたのだが、初代は歌麿にチャンスは与えはしたものの、隠れた才能に気づかず、清長に目をかけ、歌麿を干したことで繊細で誇り高い歌麿は傷ついていた。

一方、蔦重は清長を起用して「雪月花東風流」などを手掛けたものの、清長という逸材には〝西村屋からの借り物〟という意識がついてまわり、誰か別の浮世絵師を育成する必要性を痛感していた。そんなときに、くすぶっている歌麿が目についたのだ。蔦重は歌麿を〝清長の対抗馬〟に育てようとして拾い、自宅に居候までさせて、才能に磨きをかけさせた。

歌麿は、蔦重の期待に応えて〝覚醒〟し、新境地を開拓、さまざまな仕事をこなしながら、ついには美人画の「大首絵」という新技法で浮世絵人気を独り占めにする。ものの見事に開花し、大活躍するようになった歌麿を、初代はどんな思いで見ていたのだろうか。

清長は、サナギから蝶へと脱皮して大変身を遂げた歌麿とは対照的に、新境地は目指さず、〝清長風〟を続けた結果、次第に人気が離散していったのだった。

「永寿堂」西村屋与八は3代目まで続き、2代目与八には鱗形屋孫兵衛の次男が養子として入り、筆禍後に落ち込んだ山東京伝を励まして『昔語《むかしがたり》紫《ゆかりの》色挙《いろあげ》』を書かせ、柳亭種彦を世に出すなど、辣腕を振るった。なかでも柳亭種彦《りゅうていたねひこ》の『お仲清七（おなかせいしち）正本製《しょうほんじたて》楽屋続《がくやのつづき》絵《え》』（正本は芝居の脚本）は、画工に国貞を起用したことも受け、ベストセラーとなっている。

その大ヒットをただ指をくわえて見ていなかった同業者が鶴屋喜右衛門で、種彦に声をかけ、画工に豊国を起用した『偐紫《にせむらさき》田舎源氏《いなかげんじ》』を1829（文政12）年に刊行すると、以後14年も続く〝源氏ブーム〟を巻き起こしたのだった。

歌麿はどういう性格だったのか

再び、歌麿の話である。

歌麿の性格を一言でいうと、「傲岸不遜」。腕に自信があったからか、負けず嫌いで鼻っ柱が強く、意固地な性格だったが、研究熱心で当初は北尾重政を模倣し、次いで清長や春章を模倣した。たとえば、東京国立博物館蔵の大判錦絵「当世《とうせい》踊子《おどりこ》揃《ぞろえ》 鷺娘《さぎむすめ》」（1775〈安永4〉年）「青楼《せいろう》仁和嘉《にわか》女《おんな》芸者《げいしゃ》之部《のぶ》」（1783〈天明3〉年）からは、清長や春章を模倣したことがはっきりと見てとれる。

なぜ模倣したかといえば、素直に素晴らしいと思った浮世絵師を越えるには、模倣から入ってその技法を盗み取り、それを越える作品を描こうとする貪欲な信念と気骨が歌麿にはあったのである。執念と呼んだ方がいいかもしれない。

それが、寛政年間（制作年は特定できない）の作品になると、進化する。たとえば、大判錦絵「婦人相学十躰《ふじんそうがくじってい》」のうちの1枚で、タオルを手にした湯上りの女のはだけた胸元から片乳が覗く「浮気之相」では、背景を描かずに「雲母」をべったりと塗るなど、独創色がきわだった。ここまで女の色気を感じさせる絵はそれまでなかったのである。

名画を模写して腕を磨こうとする画学生や画家は、昔も今もいっぱいいるが、そうすることで大きく飛躍する者は限られている。飛躍できる者とそうでない者との差は、努力の差ではなく、才能の差である。だが、それだけでは成功できない。その才能を活かせるチャンスを与えてくれる人の助けがいる。それが蔦重だった。

蔦重がいなければ、歌麿は類いまれな才能を発揮できないまま、陽のあたる場所へ出ることもできず、埋もれたままで生涯を終えていたかもしれない。

〝秘蔵っ子〟歌麿、羽ばたく

天明狂歌ブームは、浮世絵にも影響を与えた。その傾向は、歌麿といえど無視できなかった。天明年間の歌麿の主な仕事を追ってみると、次のようになる。

天明4（1784）年　歌麿32歳・蔦重35歳

○女流戯作者亀遊《きゆう》（喜三二門人）の黄表紙『亀遊双帋《きゆうそうし》』の挿絵

○黄表紙の体裁をとった狂歌2種の挿絵――『太《ふとい》の根《ね》』（角書「後編　栗の木」）と『金平子供遊《きんぴらこどもあそび》』（中本2巻2冊）

○日記・地誌『古湊《こみなと》道中記』の挿絵

○志水燕十作の艶本『とこよぐさ』（小本1冊）の挿絵

天明5（1785）年　歌麿33歳・蔦重36歳

○狂歌双六『夷歌連中双六《えびすうたれんちゅうすごろく》』（1枚）の挿絵を「画工筆綾丸」で描く

天明6（1786）年　歌麿34歳・蔦重37歳

○狂歌絵本『絵本江戸爵《えほんえどすゞめ》』（半紙本3巻3冊／大英博物館所蔵）

○狂歌絵本『潮干のつと』※（大本1帖／あけら菅江）　※潮干狩りの土産＝貝

天明7（1787）年　歌麿35歳・蔦重38歳

○狂歌絵本『絵本詞《ことば》の花』（半紙本5冊）蔦重、序を号「重三郎」で書く

「頃や、よし」と蔦重は判断し、歌麿に「よく我慢した。これから大々的に売り出すから、そのつもりでやってくれ」と発破をかけ、「虫」をテーマにした絵を描かせた。すると、観察力に目をみはるものがあり、歌麿は新境地を開いた。翌1888（天明8）年正月に発売されるや、絶賛の嵐となった絵本『画本虫撰《えほんむしえらみ》』（大本2冊）が、それである。歌麿の知名度は急上昇した。と同時に、蔦重の才能を発掘する眼力や出版人としてのプロデュース力が尋常ではないことも、改めて実証されたのである。

絵本『画本虫撰《えほんむしえらみ》』が世に出た明くる年（1889〈天明9〉年）には、1月29日に「改元」があって、寛政元年となった。その年に歌麿は、狂歌絵本『狂月望《きょうげつぼう》』（大本1帖／紀定丸編）をはじめ、黄表紙、黄表紙仕立ての咄本など5冊の挿絵を描いた。

黄表紙『嗚呼奇々羅金鶏《ききらきんけい》』（中本2巻2冊／山東京伝／角書「淀屋宝物　東都名物」）

○黄表紙仕立て咄本『炉《ろ》開《ひらき》噺《はなしの》口切《くちきり》』（中本2巻2冊／うき世伊之介）
○狂歌絵本『絵本譬喩節《たとえのふし》』（半紙本3冊）
○狂歌絵本『絵本和歌夷《えびす》』（半紙本1冊／宿屋飯盛）
○狂歌絵本『絵本百囀《ももさえずり》』（半紙本2冊／奇々羅金鶏撰）

明くる寛政2（1790）年も6冊の本に挿絵を描き、蔦重も歌麿も乗りに乗った感があり、耕書堂が発行する本はどんどん増え続け、蔦重の知名度も上がっていった。

蔦重が「歌麿のお披露目」を演出

ここで少し時代を遡る。1782（天明2）年秋のある日のことである。上野は忍岡《しのぶがおか》にある料亭で「戯作者の会」が開催され、大勢の招待客が集った。彼らは、江戸文化を代表する著名人たちばかりだった。

戯作者では、恋川春町、朋誠堂喜三二、志水燕十、立川焉馬《たてかわえんま》ら。狂歌師では、四方赤良（大田南畝）、朱楽菅江、森羅万象、南陀伽紫蘭、山手馬鹿人ら。浮世絵師では、北尾重政、勝川春章、鳥居清長ら。

招いたのは歌麿で、事前に、こんな口上書を通知していた。

「口演　此度《このたび》画工哥麿義《ぎ》と申《もうすは》、すり（摺）物にて去《さん》ぬる天明二のとし秋、忍ぶ岡にて戯作者の会いたし候より、作者と《ママ》さく者の中《ママ》よく、今はみな〱親身のごとく成《なり》候も、偏《ひとえ》に縁むすぶの神、人々うた麿大明神と尊契《そんけい》し御うやまひ可《くださるべく》レ被下候。

以上

四方作者どもへ

うた麿大明神　」

この案内文は、大田南畝が自宅を訪れた者から入手し、記録していた『蜀山人判取帳』に貼ってあった摺物の一つで、その文面からは「会の主催者は歌麿」ということになるが、「金を出したのは蔦重」だった。会の目的は、単なる文壇仲間の親睦会ではなく、「歌麿を蔦重専属として大々的に売り出すための披露パーティー」と蔦重は位置づけていたのである。忍岡にある料亭を会場に選んだのは、当時、歌麿が住んでいた場所が忍岡だったからで、そういうところにも蔦重の細かい心配りがあった。

文中の「作者とさく者の中よく」は「作者と作者の仲良く」の意味だとわかるが、「偏《ひとえ》に縁むすぶの神。人々うた麿大明神と尊契《そんけい》し御うやまひ可被下候《くださるべく》」は言葉足らずでわかりにくい。次のように言葉を補って解釈するとわかりやすくなるだろう。

「作者仲間が親身になれたのは、ひとえに縁結びの神のご利益、すなわち、この歌麿のおかげでありますから、どうか皆様、この私めを〝うた麿大明神〟と尊敬かつ契りを結んでくださるようお願いする次第であります」

読者のなかには、「招待客には歌麿よりはるかに年配の人もいるにもかかわらず、自分自身を〝うた麿大明神〟などと呼ぶのは傲岸不遜ではないか」と思う方もおられよう。だが、会場に集まった戯作者や画工たちは、歌麿が前年に画工としてたずさわった黄表紙に事寄《ことよ》せて、わざとそのような言い方をしたということがよくわかっていたから、無礼でとも思わなかったし、違和感も覚えなかったのである。

そのわけを説明しよう。前年の1781（天明元）年、蔦重は、歌麿を大々的に売り出すための秘策を練った。そして先ず〝軽いウォーミングアップ〟として志水燕十の黄表紙『身貌大通神略縁起《みなりだいつうじんりゃくえんぎ》』の挿絵を画く仕事を歌麿に割り振った。

戯作者の志水燕十は歌麿と同じ石燕門下の兄弟子であり、日頃から親しい間柄。そういう配慮も蔦重はしたのである。そのとき、それまで「豊章」と名乗っていた歌麿に初めて「歌麿」を名乗らせた。そういう仕掛けをさらっとやってのけるのが蔦重なのだ。

画号の変更からわかること

コンビを組んだ志水燕十の「志水」が「根津の清水町」から取った戯号であることから、それに合わせて、歌麿もどこの歌麿かわかるように住んでいた場所の名をつけて「忍岡《しのぶがおか》歌麿」にしたのではないか。「しのぶがおかの」と読ませる選択肢もあったが、燕十が志水に「の」を付けなかったのに倣って「しのぶがおか」の読み方を選んだのだろう。そんなことどうでもいいと思う読者もおられようが、今日の芸能人が芸名にこだわるのと同じように、当時の浮世絵画家も画号を気にしたのだ。忍岡は上野台地の旧称で、当時は寛永寺の境内にあった。

住んでいた場所を画号にするという考え方をすれば、「喜多川歌麿」に改号するのは、忍岡を離れて蔦重の家に寄宿するようになったからと気づくだろう。ではなぜ、蔦重の住んでいる地名を新しい画号にしなかったのか。その理由は、はっきりしている。大門口《おおもんぐち》とか五十間道とか通油町という地名は、忍岡と違って、名字にふさわしくないからだ。そこで、別案を考えることになる。

歌麿の本姓は「北川」で、蔦重の本姓は「喜多川」なので、「喜多川哥麿」という画号にし、しかも「耕書堂の専属」という意味をも暗示させることにした。そう考えるのが自然だ。

前述した黄表紙『身貌大通神略縁起《みなりだいつうじんりゃくえんぎ》』は、その年（1781〈天明元〉年）の7月1日から両国の回向院で「聖観世音菩薩」（丹後〈京都府宮津市〉の成相寺《なりあいじ》の本尊）を開帳するタイミングを狙って企画した作品なので、一種の〝きわもの〟である。蔦重には、そういう抜け目のなさというか、〝目利きな商売人〟としての一面もあったのだ。

成相寺《なりあいじ》の「聖観世音菩薩」は、「安寿と厨子王」の山椒大夫伝説で知られる「身代わり地蔵」である。そこにはのちに蔦重が没したとき、親友の石川雅望（宿屋飯盛）が墓碣《ぼけつ》に刻んだ「巧思明算《こうしめいざん》」という言葉に通じる蔦重の鋭いビジネスセンスが感じられる。

霊験あらたかな観音菩薩にあやかりたいとの願いを込めて、歌麿は〝うた麿大明神〟と書いたのではないか、というのが筆者の説である。

大器の片鱗を見せていた歌麿

蔦重と歌麿は、年齢が近かった。蔦重は寛延3（1750）年生まれ、歌麿は宝暦3（1753）年生まれで、蔦重が3つ上だった。

蔦重と出会う以前の歌麿は謎だらけだ。出生地も父親も不明である。わかっているのは、江戸へ出てくる前に母と暮らしていたのは栃木で、そこでは「釜屋」という屋号の農具商を営む善野喜右衛門《ぜんのきえもん》のところに寄寓し、子どもの頃から絵がうまく、その才能に惚れ込んだ教養人の喜右衛門が、どういうルートかはわからないが、江戸で活躍する浮世絵師鳥山石燕に入門できるように計らったということぐらいである。

歌麿が大器の片鱗を見せたのは1775（安永4）年、23歳のときである。中村座の顔見世狂言で使われた富本（節）正本の『四十八手恋所訳《しじゅうはってこいのしょわけ》』の下巻の表紙絵がそれだ。

蔦重が書肆「耕書堂」として北尾重政に画工の仕事を依頼した最初は、評判記・絵本『一目千本』で1774（安永3）年のことなので、当然、重政の門弟である北尾政演（山東京伝）や歌麿とも顔見知りだったと考えてよいだろう。

だが、歌麿とはまだ蔦重とは仕事をしておらず、『四十八手恋所訳』の版元は大黒屋平吉だった。歌麿がそのとき用いた画号は「北川豊章《とよあき》」。「北川の北は北尾の北で、川は歌麿が憧れていた〝役者絵の達人〟勝川春章の川」という説を唱える人もあるが、北川は本名である。「とよあき」と読む豊章は、師匠の鳥山石燕《とりやませきえん》の本名佐野豊房《とよふさ》から「豊」の字をもらっている。

24歳になった翌年には市村座からも声がかかり、大判墨摺物『市川五粒名残惣役者発句集《いちかわごりゅうなごりそうやくしゃほっくしゅう》』に絵を描いた。その明くる年になると、8月上演の狂言『仮名手本《かなでほん》忠臣蔵』の芝居絵本を「北川豊章《とよあき》」の画号で描き、25歳・26歳と続けて市村座で演じられる演目の正本の表紙絵も描いたが、版元は蔦重の耕書堂ではなかった。

歌麿は、25歳のときに3つ年下の窪俊満《くぼしゅんまん》が戯号「黄山堂《おうざんどう》」で書いた黄表紙『通鳧寝子《かよいとりねこ》の美女《わざくれ》』の挿絵を描いた。1777（安永6）年のことである。

窪俊満は歌麿と同じ浮世絵師で、使う色を意図的に少なくする技法を得意としていたが、戯作にも腕をふるっていた。

俊満は、のちに10作を超える黄表紙や洒落本を残し、狂歌ブームの時代には、朋誠堂喜三二の狂号「道陀楼麻阿《どうだろうまあ》」と混同しそうな「南陀伽紫蘭《なんだかしらん》」という、どこかふざけた狂名をつけてエンジョイする。

このように、鳥山石燕一門も、北尾重政一門に負けないくらいの、絵画だけにとらわれない自由闊達な雰囲気があったのだ。

蔦重の歌麿育成法

歌麿は画号である。喜多川歌麿と名乗ったこともあるが、本姓は北川、本名は信美《のぶよし》で、通称勇助、のち勇記と改めた。現存する歌麿の初期の作品には「勇助」を使ったものもある。蔦重の死後、耕書堂の跡目は、番頭が蔦重という名を継承して継いだが、その番頭も勇助というのも、単なる偶然ではあろうが、どこか因縁めいたものを感じざるを得ない。

蔦重がプロデュースした本で最初に歌麿の画号を使ったのは、デビューから5年後の1781（天明元）年、29歳のときで、黄表紙2作『身貌大通神略縁起《みなりだいつうじんりゃくえんぎ》』『化物二世物語《ばけものにせものがたり》』の挿絵を画《か》いた。同書の作者は志水燕十《しみずえんじゅう》。「燕」という号から察しがつくように、歌麿と同じ鳥山石燕の門下（兄弟子）である。浮世絵を学んではいたが、戯作もこなした二刀流で、身分は武士。根津に住む幕臣だった。本名鈴木庄之助。

そういう気心が知れた相手と組んだので、歌麿も仕事がしやすかったのではないだろうか。そのあ

歌麿は女性の内面や日常に鋭く切り込んだ（『婦人相学十躰《ふじんそうがくじってい》 煙管持《きせるもち》』（東京国立博物館／ColBase）

たりにも〃名うてのプロデューサー〃蔦重の細《こま》やかな心づかいが感じられた。

鳥山石燕は俳句や狂歌をたしなみ、弟子が狂歌を読んだり戯作に励んだりすることを歓迎していたから、門下からは〃画文両道〃で知られる恋川春町という超有名人も出ており、「天明狂歌」と呼ばれる一大ブームが起こったときも、歌麿や燕十は喜々としてふざけた狂号をつけ、すんなり溶け込んでいけた。狂号（狂名）では、歌麿は「筆綾丸《ふでのあやまる》」、燕十は「奈蒔野馬乎人《なまけのばかひと》」がよく知られている。

歌麿は、1783（天明3）年に蔦重が発行した「右通慥而《みぎのとおりたしかに》」（右通慥而）の角書がつく黄表紙『啌多雁取帳《うそしっかりがんとりちょう》』の挿絵を画いた。蔦重が通油町へ転居する年ではあるが、画号が「忍岡歌麿」となっているので、蔦重の新居に転がり込む前と推定できる。同書の作者は奈蒔野馬乎人《なまけのばかひと》で、その署名の下に押した印が「燕十」となっているので、志水燕十の別号と見なされる。

歌麿は、蔦重が1783（天明3）年9月に通油町に進出したのを機に〃居候〃となり、1788（天明8）年頃まで、足かけ5年もの間、同じ屋根の下で寝食を共にしてきた。歌麿31歳、蔦重34歳である。

蔦重のところへ身を寄せる前の歌麿は、西村永寿堂が刊行した黄表紙『近江八景』『呼《よぶ》子島《こじま》』の挿絵を画いていた。

〝中国語を操る怪人〟唐来参和

中国語を自在に操る〝異才〟唐来参和《とうらいさんな》も、蔦重や歌麿には欠かせない人物の1人だった。二昔以上前なら藤村有弘、一昔前ならタモリ、今なら漫才コンビ「中川家礼二」のような中国語風に聞こえるモノマネではなく、唐来参和はホンモノの中国語を駆使したようだ。

参和の耕書堂デビューは1783（天明3）年の洒落本の『三教色《さんきょうしき》』で、画工は歌麿（署名「うた麿」）である。翌1784（天明4）年には黄表紙『大千世界牆の外《たいせんせかいかきねのそと》』が出、1785（天明5）年には5作品が一挙に刊行された。黄表紙4作（『頼光邪魔入《らいこうじゃまいり》』『雙帋五《そうしご》牒夢《ちょうのゆめ》』『莫切自根金生木《きるなのねからかねのなるき》』『書集芥の川々《かきあつめあくたのかわがわ》』）と洒落本1作（『和唐珎解《わとうちんかい》』）である。

蔦重が差配《キャスティング》した絵師は、『頼光邪魔入《らいこうじゃまいり》』『雙帋五牒夢《そうしごちょうのゆめ》』が北尾重政門下の北尾正美で、『莫切自根金生木《きるなのねからかねのなるき》』は歌麿門人を名乗る喜多川千代女《ちよじょ》となっていた。彼女は吉原の大門前の酒屋の娘で、歌麿の妻だ。彼女の17歳の弟が旅先の関西で1784（天明4）年4月19日に急病死したときに、当時35歳だった蔦重と歌麿が中心となって編集した追悼狂歌集『いたみ諸白』からそのことがわかる。彼女は幼い頃から蔦重や蔦重の家族と顔馴染みだったのである。その追悼集には「唐丸《からまる》の内侍《ないし》」という狂名で蔦重の妻も狂歌を寄せており、詳細は追って述べる。

千代女は「よしつね千本桜」と内題にある桜川《さくらがわ》杜芳《とほう》の『嘘皮初音鞁《うそのかわはつねのつゝみ》』の挿絵も手掛けたが、筆致から歌麿が画いたのではないかと疑われた。歌麿自身が画いたものの、満足がいかない挿絵になったので、門人の女性ということにしたとする説もある。もしそうなら、いっそのこと画工を女にした方が話題性があると発想したのは蔦重だろう。

一方、戯作者の桜川《さくらがわ》杜芳《とほう》の方は、岸田杜芳ともいい、芝に住む表具師で歌舞伎を観るのが趣味だったらしく、黄表紙に『通増安宅関《とおりますあたかのせき》』『仮名手本普通人蔵《かなでほんふつうじんぐら》』の著書がある。

『和唐珎解《わとうちんかい》』という書名は、708（和銅元）年に鋳造された日本最古の通貨「和同開珎《わどうかいちん》」のもじりだ。和同開珎は唐の「開元通宝」にならって造られたといわれていることにヒントを得ており、それに引っ掛けて、「唐から来た」という意味合いの「唐来」という狂名にしたのだろうか。

『和唐珎解』は、「国性爺合戦《こくせいやかっせん》」の主要な登場人物（李蹈天《りとうてん》、通詞和田藤内《とうない》、呉三桂《ごさんけい》など）が長崎の丸山遊郭で遊興する話だが、表紙を開けると「和唐珍解序《ホウトンチンケイジョ》」となっている。それに続く漢文の序文は、右側に中国語の読み方がカタカナで「素聞岐乃繁華之地景勝之郷《ソウウェンキイナイワンハア、ツウデイキンシンツウヒヤン》

也《エヽ》」とルビが振られ、左側には日本語で「かねてながさきハはんくわなところですぐれてよいところとうけたまわる」とルビが振ってある。要するに、中国人が話す会話は全文に読み仮名が振ってあり、さらに日本語にも訳してあって、誰もが驚く異色の黄表紙に仕上がっていたのだった。

狂名唐来参和《とうらいさんな》、通称和泉屋源蔵は、かつて歌麿と一緒に蔦重のところに寄宿していたが、いつのまにか本所松井町の遊郭「和泉屋」の主人におさまってしまうという、なんとも不可思議な生き方をした異色の人物なのだ。蔦重は、そういう奇怪な者をも自在に操ったのだから、〝懐《ふところ》が深い仕掛人〟といえるのではなかろうか。

「号」を登場人物にした黄表紙

「歌麿の号」の話からは少し離れるが、蔦重が1787（天明7）年に刊行した黄表紙『亀山人家妖《きさんじんいえのばけもの》』は、戯作者の複数の「号」を登場人物に仕立てた奇想天外な物語だ。

号は、戯作者や浮世絵師にとって自身の「分身」であり、愛着がある。亀山人は主人公の名前だが、作者朋誠堂《ほうせいどう》喜三二の別号である。それ以外にも、「手柄岡持《てがらのおかもち》」という喜三二の狂名の登場人物や「朋誠堂」という別号も登場する。それだけでも普通ではないが、冒頭の「自序」には蔦重と喜三二が実名で絵入りで登場し、「咄《はなし》を画《え》にかくということはあれど序文を画に書いたためしハ。」などという見出しをつけ、2人が会話をして裏話を披露する話から入るのだから、読者相手にとんでもない仕掛けをしたものだ。

「ここに、絵草紙といいや、蔦屋重三郎、絵草紙の作者喜三二がもとへ年礼《ねんれい》（年始）に来《きた》り、ひつじ（未）の春の新板青本《あおほん》をたのむ」

と、いきなり、喜三二が執筆依頼を受けたときの場面から書き起こしている。

喜三二「来年（1788〈天明8〉年）のを、もうたのむのか。随分春の内《うち》、書きやしょう。書こうと思えば、直《ただち》にできる」

蔦重「当春の大福帳（喜三二作・北尾政演〈山東京伝〉画の黄表紙『天道大福帳』）は、とんだ評判がようござりまして、有難うござります」

などと、ちょちょら（おべんちゃら）をいう。

蔦重と喜三二の間で、こういう会話が交わされたが、喜三二はアイデアが浮かばず、書けない。そのあたりのことを喜三二は、こう書くのだ。

「耕書堂の主人、三月まで待ちけれども、さた（音沙汰）なければ、四月五月のころ、だん〳〵《だん》さいそくすれども六月になりても七月になりても案じがないと、ずるけゝる（約束を怠る）ゆえ、八月の比《ころ》は大かんしゃく（立腹）になりて来年新板の外題《げだい》ひろう（披露）の時節になれば、せめて外題にてもきわむべしとせめる」

画工の北尾重政が描いたこの場面の挿絵が傑作。蔦重の耕書堂の手代2人が喜三二のところだけ空白になった予告の巨大な紙を喜三二に見せている。そこに大書きされていたのは、万象亭『御年玉《おとしだま》』から京伝『三筋緯客《みすじだちきゃくの》気植田《きうえだ》』まで5作の書名と作者名だった。

本のなかに自社広告を入れて読者の関心を誘うという大胆な手法は、蔦重ならではだ。

「これまで化け物に傑作はございません。何ぞ、よい案はございますまいか」

蔦重がアイデアも出すと、喜三二は「化け物で一ツ案じてみましょう」と応じた。

喜三二が思いついたのは、主人公の手柄岡持《てがらのおかもち》が狂歌仲間3人と連れ立って、「おいてけ堀」へ釣りに行って怖い目に遭うという話である。「おいてけ堀」は、江戸っ子ならよく知っている「本所の七不思議」といわれる不気味な伝説地の1つで、魚を釣って帰ろうとすると、どこからともなく「おいてけ」と気味の悪い声がするので恐ろしくなり、せっかくの釣果《ちょうか》を置いて一目散に逃げ去るという言い伝えがあった。

手柄岡持らが魚を釣って喜んでいると、藪かげから「おいてけ、おいてけ。その手柄岡持をおいてけ」という声がしたので、怖くなった狂歌仲間は岡持をあたりの大木に縛りつけ、釣り道具と釣った魚を持って逃げ帰った。彼らは、釣果を意味する「手柄」を入れた「岡持」を人物の「手柄岡持」と早合点したというオチである。

するとと、藪かげから何かが出てきた。岡持が、化け物か、池の主かとこわごわ見ると、吉原の妓楼「升葉屋《ますばや》」の留山《とめやま》・島浦の2人の遊女だった。客人を屋敷まで送っての帰りで、留山は笑って、こういった。

「ぬしはあんまりまじめで釣《つ》ておいでなんすから、おどかしたのでおすよ」

その容貌を喜三二は、「傾城《けいせい》」という言葉を産んだ伝説の中国春秋時代の美女「西施《せいし》」の名を出して、「留山が姿、吉原のうちはおろか、昔より今に至るまで唐にも大和にもかゝる女はあらじ」と表現している。物語では、そのあと、岡持は留山と升葉屋へ行き、そこでの話に移る。

升葉屋というのは、仲の町にあった吉原最大にして最高の格式を誇った遊郭「松葉屋」をもじっており、留山は最高位のおいらん「染山《そめやま》」がモデルで、島浦は染山付きの番頭女郎「しばうら」がモデルである。喜三二は、蔦重が刊行している『吉原細見』の序（序文）の常連執筆者であり、内部事情に精通していたのだ。

喜三二は、「化け物と申すも、みな心よりおこることにて、心正しき時は化け物にもあわず、みなこの心の迷いでござる」と綴って物語を終えるのだ。

喜三二は、この2年前（1785〈天明5〉年）には『気散次《きさんじ》夢物語』と題した黄表紙を出しているので、今度は同音異字の「亀山人」を使ったのかもしれない。

蔦重の本書の狙いと計算は、「作者や版元が実名で物語のなかに登場して滑稽なことをやらかす」という黄表紙の〝王道ともいうべき常套手段〟を徹底的に駆使して、その姿や顔までも挿絵に描くことで読者に親しみを感じてもらい、販売促進につなげようとしたことである。

山東京伝は20代から〝老人〟

他の画工はどうだったのか。蔦重が出版した本に限定して画号を少し考察したい。

京伝の画号の場合、1785（天明5）年を例にとると、「北尾政演」「まさのぶ」が4作ずつで、この2つ以外にはその前年（1784〈天明4〉年）の『吉原傾城（よしわらけいせい）新美人合《しんびじんあわせ》自筆鏡《じひつかがみ》』の「北尾葎斎《せいさい》政演」があるくらいで、他の年も含めて別の画号は使っていない。

北尾政演……『侠中侠悪言鮫骨《きやんちゅうきやんあくたいのぐやうこつ》』『江戸生艶気樺焼《えどうまれうわきのかばやき》』『新義経細見蝦夷《しんよしつねさいけんのゑぞ》』『天地《てんち》人三階図絵《じんさんかいづえ》』

まさのぶ……『八被般若角文字《はちかづきはんにゃのつのもじ》』『大悲千禄本《だいひのせんろくほん》』（黄表紙）『殻鉄炮《からてっぽう》桃灯《ちょうちん》具羅《くら》』『息子部屋』（洒落本第1号）

前記「葎斎政演」について補足すると、師匠の北尾重政には「花藍《からん》」「酔放逸人《すいほういつじん》」のほか、「紅翠斎《べにすいさい》」（前出）もあったので、それにあやかった号だが、めったに使っていない。

山東京伝は、文・画を1人でこなす場合、文のみ書く場合、画工としてこなす場合の3通りの仕事をこなしたが、文筆家としてはほとんどを山東京伝という「戯号」で通し、それ以外の別号では菊亭、菊斎などもたまに使った程度だが、若い頃から「老人」とつける奇妙な癖があった。

1787（天明7）年27歳のときに書いた滑稽本『初衣抄《はついしょう》』（序題「百人一首和歌始衣抄」）の自序には「紅葉山東隠士京傳老人識《しるす》」とし、39歳になった1799（寛政11）年に書いた黄表紙『両頭筆善悪日記《りょうとうひつぜんあくにっき》』の序、および『仮名手本胸之鏡《かなでほんむねのかがみ》』の序では「醒世《せいせい》老人京伝」と署名している。

同年には、蔦重が「僊鶴堂《せんかくどう》」鶴屋喜右衛門と同梓（タッグを組んで出版）し、大ヒット作となった京伝の『忠臣水滸伝』が生まれた。前篇5巻、後篇5巻の長編だったから、さすがに文も絵も1人でこなすのは難しく、画工は師匠の北尾重政が担当した。

中国の『水滸伝』と日本の『仮名手本忠臣蔵』をミックスした奇想天外な洒落本で〝江戸初の読本〟ともいわれる『忠臣水滸伝』の前篇の自序を京伝は漢文で記し、文末に「山東子」と署名したところまではまともだったが、2年後（享和元年）に発売された後篇の自序では「洛橋老店主人《らくきょうろうてん》」とし、各巻（後篇の「巻之一」～「巻之五」）の冒頭の作者名も「東都　醒世老人」にした。ただし、異本も存在し、「東都　山東窟京伝子著」となっているたり、後篇の巻末に仙鶴堂《せんかくどう》主人の名で綴った著者略歴に「醒世老人と号す」と書いている本もある。仙鶴堂主人は鶴屋喜右衛門（鶴喜）、醒世老人は山東京伝の別号である。

蔦重の妻の謎

　そらさだめなきあかしても時鳥《ほととぎす》子で子にあらぬゑ《え》んとしれかし

これは、17歳の若さで急逝した歌麿の義弟（歌麿の妻千代女の弟）の狂歌追悼集『いたみ諸白《もろはく》』に載った「唐丸《からまる》の内侍《ないし》」の狂歌である。

唐丸の内侍は蔦重の妻のことで、こんなような意味の狂歌になる。

「嘆きに嘆いてホトトギスのように泣き明かしても、あの子はもう帰ってこない。子でありながら、もはや子ではなくなる宿縁であったのかと思うしかないのでしょうか」

狂歌というより和歌のような感じのこの歌には、次のような説明書きがついていた。
「ホトトギスの鳴く声だけが聞こえる五月雨が降り続く季節に、馴染みが深かった大門喜《おおもんき》和成《わなり》という狂名で活躍していたあなたがにわかに亡くなられたとの知らせに接し、こみ上げる悲しみのなかで、親の嘆きはどんなに深いことかと思いながら、つくった歌」

大門喜和成という狂名は、吉原遊郭の大門の際《きわ》にある酒屋の息子だからそうしたのだ。追悼集の題名「いたみ諸白」にも深い意味がある。「いたみ」は、喜和成が旅先の「伊丹」で亡くなったことと「悼み」を掛け、「諸白」は高級酒の銘柄で、伊丹の酒も名酒として知られているのだ。『いたみ諸白』には吉原連の面々が追悼の狂歌を寄せ、母の狂歌もあった。

NHKは、2024年6月10日に翌年の大河ドラマ「べらぼう〜蔦重栄華乃夢噺〜」の出演者発表第6弾として蔦重の妻「てい」に橋本愛を選んだと発表、「とある市中の本屋の娘」と説明したが、重要な役なのになぜ早く発表しなかったのか。筆者の思い込みかもしれないが、江戸文学や蔦重を研究する学者の著書や論文はあふれ返っているのに、どの文献にも彼女の本名は書かれておらず、誰の娘なのかも不明だったから、探すのに難渋したからではないのか。謎を呼ぶ。

それくらい謎が多い人物であり、しかも馬琴や歌麿らが蔦住宅に居候をしたときには、食事や身の回りの世話など内助の功をつくしたはずだが、彼らの書き残したものに彼女の名は出てこない。何か特別な理由でもあったのだろうか。

彼女の名の特定につながりそうな可能性のある史料は、なくもない。

かつて過去帳に記されていたという法名だが、それらの貴重な資料は関東大震災や東京大空襲などですべて消失してしまっており、今となっては確かめるすべはない。

唯一の手掛かり「錬心妙貞日義信女」

1945（昭和20）年3月10日の東京大空襲はすさまじかった。

「328機のB29が2038トンの焼夷弾と82トンの爆弾を投下しました。被害は、罹災家屋約17万戸、罹災者約64万人」（東京大空襲・戦災資料センター）

「東京大空襲によって深川や浅草などの下町地域が焼き尽くされ、死者はおよそ10万人、焼け出された人は100万人にのぼる」（NHK）

蔦重家の墓地があり、過去帳を保管していた浅草の日蓮宗正法寺も被害に遭った。同寺の佐野詮修《せんしゅう》住職の話によると、父の先代住職は東京大空襲の日に「江戸の三大毘沙門天」の1つとして寺に伝わる毘沙門天像と過去帳だけを持って逃げたのだという。ところが、隅田川にかかる言問橋《ことといばし》まで行くと人が密集して身動きできなくなり、火の手も迫るので川へ飛び込んだが、そこも人だらけで、気づくと過去帳はどこへ行ったかわからなくなっていた。

失われた過去帳の一冊には蔦重の妻とおぼしき女性の法名が記されていたという。

錬心妙《れんしんみょう》 貞日《ていにち》義信女《ぎしんにょ》

NHKは、この法名から「貞」という名だったのではないかと類推したのだろう。だが、法名に名の一部を入れるとは限らないし、「貞」が名前だったとしても、「てい」ではなく、「さだ」と読んだのかもしれない。

この法名を伝えた本がある。1969（昭和44）年8月に発行された『写楽――まぼろしの天才』（新人物往来社）で、著者は「日本浮世絵協会理事」の肩書を持つ榎本雄斎。その本に「蔦屋重三郎の家系」という見出しがあり、そこにこう書かれている。

「幾度かの火災で過去帳や記録的な資料は片鱗すら残っていないが、先賢木村捨三氏の『耕書堂蔦屋重三郎』と題する文献を、『浮世絵界』（昭和十六年八月号）に見ると、次のような貴重な記載がある」

「——昨年六月、山谷に正法寺を訪ひ、**蔦重の墓碑**を展《てん》し、寺僧に就いて過去帳を一見したが、数度の火災で文化十一年以後の霊簿のみが現存してゐる」云々。

そして蔦重家に関わりのあった故人の法名を7人分掲出し、その冒頭に蔦重の妻の法名が出てくるのである。

㋑ 錬心妙貞日義信女　文政八年十月十一日（施主蔦屋重三郎）

以下、㋺～㋣まで列記し、説明を加えている。それによると、

「㋑は、初代重三郎の妻女（貞というか）、『絵本吾妻抉《からげ》』（天明六年刊）の絵姿から算すると、七十に近い長寿」

ところが、この情報には致命的な問題があることが判明した。この情報が載っているとする雑誌『浮世絵界』には「昭和十六年八月号」なるものは存在しないのだ。同誌は、1936（昭和11）年創刊だが、1941（昭和16）年の6月号で廃刊になっており、8月号は存在しないのである。

筆者は、「8月号ではなく、6月号あるいは別の号の誤記かもしれない」と思い、全号を調べてみたが、そんな記事は見つからなかった。

そのような謎だらけの女性だったから、名前や家柄などをNHKが特定したのであれば、

掛け値なしの〝世紀の大スクープ〟になるし、蔦重が身上半減の危機に陥ったときなどに彼女の実家がどのような形で助けたのかといったことなどを知る手掛かりにもなり、蔦重研究は一歩も二歩も前進することになる。

地本問屋の〝伊賀勘〟の娘か

ＮＨＫは、主人公の親戚筋の系図をたどって子孫から取材したり、菩提寺に当たって過去帳を調べてもらうなどして専門家の大学教授にもできないことまでやれるのが強みだ。そのことは「ファミリーヒストリー」を見てもわかる。ＮＨＫは、「ある版元の娘」とし、蔦重の妻の名を「てい」と特定したのなら「特番」を組んで大々的に公表すべきで、大反響を呼ぶだろう。だが、調べてもよくわからず、適当な名をつけたというのであれば問題が多い。

筆者もいろいろ調べ、彼女は地本問屋を営んでいた〝伊賀勘〟こと伊賀屋勘右衛門の娘ではないかと推理したが、確証はなく、名前を特定するまでには至っていない。

２０１５（平成27）年に東京世田谷区にある常磐津節《ときわずぶし》の家元（九世常磐津文字太夫《もじだゆう》家）で、虫食いだらけの江戸時代の常磐津正本《しょうほん》が大量に蔵出しされ、京都市立芸術大の竹内有一教授が修復元することになった。そのなかに世界で初めて存在が確認された稀覯曲《きこうきょく》「緑《みどり》増常盤寿《ますときわのことぶき》」の正本があり、表紙の右下に版元を示す「伊賀屋」の文字が入っていた。

蔦重の生涯に関する資料は乏しいが、蔦重の妻について書かれた史料はないに等しく、正確な名前はわからず、「伊賀屋勘右衛門の娘」といった程度のことしかわかっていないのだ。もし過去帳からそれらしい女性を探り当てたとしても戒名である。

伊賀屋勘右衛門は、常磐津正本（浄瑠璃詞章本）の発行元である地本問屋「文亀堂《ぶんきどう》」の主人として、江戸ではかなり有名で、〝伊賀勘〟の通称で呼ばれることが多かった。この伊賀勘の出版物の1つが前記の稀覯本なのである。

蔦重の妻の母とおぼしき人物の名は、勘右衛門没後の「諸問屋名前帳」に「伊賀屋勘右衛門の妻後家とく」として記録されているが、嘉永の名簿であり、この人は継母かもしれず、「産みの母」であるという保証はない。

いずれにしろ、江戸時代は「完全な男社会」で女の地位も低く、たとえ将軍の母や正室であっても詳細な記録はほとんど残されていないのが普通なので、庶民の女となれば、なおさら。「伊賀屋勘右衛門の女《むすめ》」と書かれ、名前は記されなかったのが普通である。そういう書き方は、遠く平安朝とか奈良朝の時代から継承されてきた習慣である。

天明狂歌ブームの頃には、彼女が夫と一緒に集まりに参加したことを示す史料はあるが、本名は記されていない。しかし、狂歌を読む教養や才能はあったようで、蔦重の内助の功を果たしたと考えて間違いないだろう。父の伊賀勘は教養人だったから、彼女は幼少時からきちんとした教育を受けさせ、芸事なども習わせたと推測できる。

そういうお嬢さんが、いつ頃、蔦重とどういう形で出会い、いつ結婚したのかといったことは謎に近い。ならば、推理するしかない。蔦重がどこかで彼女と知り合って、彼女の父に掛け合って結婚の許可を得たという順番は、まずあり得ず、蔦重が仕事を通じて伊賀勘と知り合い、その後に結婚話へと進んだと考えるのが自然だ。

筆者は、通称伊賀勘、伊賀屋勘右衛門という人物と蔦重の接点は、1778（安永7）年ではないかと推定する。その根拠は、同年11月に中村座で上演された顔見世狂言「瞻《もとみし》雪栄鉢木《ゆきさかえはちのき》」（初代桜田治助《じすけ》作）の劇中で使われた富本浄瑠璃の正本を蔦重が出版していることだ。主役の佐野源左衛門を演じたのは4世松本幸四郎である。

富本浄瑠璃の外題は『色時雨紅葉玉垣《いろにしぐれもみじのたまがき》』で、その正本の表紙の役者絵を描いた画工が北尾政演《まさのぶ》、つまり山東京伝だったことは、すでに述べたとおりだが、注目すべきは、伊賀勘が長唄や富本の正本を専門に扱う江戸の地本問屋だったという点だ。

伊賀勘と蔦重

蔦重が富本浄瑠璃の正本の出版を実現できたのはなぜか。次のどれかだろう。

①蔦重が自分でセールスして勝ち取り、画工には北尾政重のところにいる新人の北尾政演に声をかけた。

②中村座から出版相談を受けた北尾政重から「こんな仕事があるが、やる気はないか」と持ちかけられて蔦重が引き受けた。そのとき、「新人の政演にやらせてほしい」との条件をつけられた。

③蔦重のことを耳にした伊賀勘から直接、話が持ち込まれた。

④伊賀勘以外の人から持ち込まれた。

蔦重が伊賀勘と知り合ったきっかけは、いくつかのケースが考えられる。

【ケース1】富本浄瑠璃の正本を初めて手掛けることになったものの、蔦重がそれまで手がけてきた本は吉原遊郭のガイドブック『吉原細見』シリーズだけだったから心細く、その道から必要な知識をレクチャーしてもらおうと思って伊賀勘に接近し、それが縁で親しくなった。『吉原細見』の発行元の大手書肆鱗形屋に伊賀勘を紹介してもらったかもしれない。

【ケース2】蔦重が仕事を通じて親しくしていた浮世絵師北尾重政は、伊賀勘が出版する常磐津の正本の画工の仕事を前々から請け負っていたので、その線から伊賀勘と知り合い、娘を嫁にもらう話へと発展した。

【ケース3】当時は印税はなかったので、正本が完成後、版元は吉原で接待したり、芝居見物に招待するなどして慰労していたことから、蔦重が政演を「瞻雪栄鉢木」の観劇に招待したときに、中村座で伊賀勘と出会って、以後、親しくなり、娘を妻にすることになった。観劇には政演の師である北尾重政も当然招待していると思えるので、劇場で伊賀勘と出会って、重政から紹介されたという可能性もなくはない。

いずれにせよ、蔦重が伊賀勘と知り合ったのが縁で、その娘を嫁にしたと考えるのが自然ではないだろうか。結婚した時期については、それを記した史料は存在しないから、蔦重の年齢や仕事をヒントにして推測するしかない。

蔦重の仕事内容が大きく変わるのは、吉原の大門前から日本橋へ店を移した1783(天明3)年9月からだが、転居理由については、どの本も「商売を拡張するために書肆大手が軒を競う日本橋へ進出した」とのみ記しているが、筆者は、それだけが転居理由ではなく、「結婚」も絡んでいたのではないかと考える。

結婚することになって新居として新しい家が必要になった。あるいは、すでに結婚して大門前の家で新婚生活を送っていたが、そこは遊郭と目と鼻の先の場所。吉原がどんなところであるかをよく知らない新妻が暮らすには抵抗があって、転居に踏み切ったのではないか。あるいは、そういう場所からの転居を花嫁が結婚の条件にしたかもしれない。筆者は、そう推測するのである。

当時の商家は「店兼住居」が普通だったから、商家の背後には「裏店」と呼ばれる住み込みの従業員用の棟割長屋がある別の土地に引っ越す。どうせなら日本橋に進出しようということになり、売りに出ていた通油町の丸屋小兵衛の家を買い取ったのではなかろうか。そのとき伊賀勘が資金援助しているかもしれない。

大首絵仕掛人

申《さる》 写楽の謎と真実

デフォルメされた役者絵を短期間に量産して姿を消した「写楽」の名を知らない日本人はいないが、その正体は謎とされ、諸説が乱れ飛んだ。歌麿、北斎、広重と並んで、今や「世界の写楽」となった浮世絵師を発掘し、140点もの浮世絵を画かせたのが蔦重だ。

写楽の謎は簡単に解けた

「写樂の生涯は、浮世繪類考に出てゐる四五行の記事以外に、正確な事は何もわからない」と芥川龍之介が評論「東洲齊写樂」に書いたのは大正5（1916）年頃のことだったが、昭和になっても、依然、写楽は正体不明とされていた。

写楽ほど謎めいた浮世絵師はいなかった。その謎をめぐって、あれこれ論じられてきたのは、大きくは次の3点である。

1つは、「写楽」という画号を名乗った人は、どこの誰だったのかという疑問。

1つは、わずか10ヵ月の間に140数点もの浮世絵を残して忽然と姿を消した理由。

1つは、4期に分けて発表した作品の1・2期が優れ、3・4期が激しく劣る理由。

特に「写楽とは誰なのか」という謎解きは、昭和の時代に多く行われ、美術史家、作家、画家、浮世絵収集家、漫画家など30人を超える著名人がさまざまな説を唱えたが、いずれも推理は面白いが、「我田引水」「牽強付会《けんきょうふかい》」で決定的証拠を提示することはできなかった。

だが、今日では「写楽は斎藤十郎兵衛《じゅうろべえ》」説でほぼ確定している。その証拠は、江戸時代に書かれた『続浮世絵類考』にある「わずか22文字」（句点は含まず）の次の記述だ。

「俗称　齊藤十郎兵衛　八丁堀《はっちょうぼり》に住す。阿州侯《あしゅうこう》の能楽者也。」

阿州侯とは「阿波国《あわのくに》徳島藩の殿様、蜂須賀氏」という意味で、斎藤十郎兵衛は「江戸の八丁堀に住んでいた阿波藩主お抱えの能役者だった」というのである。

前述した芥川龍之介の「東洲齊写樂」では、前記の文に続いて、こう記されていた。

『江戸八丁堀に住す、俗称齊藤十郎兵衛、東洲齊と號す、阿州候の能役者なり、歌舞伎役者の似顔を寫《うつ》せしが、あまり眞を畫《か》かんとしてあらぬさまに畫きなせしかば、長く世に行はれず、一兩年して止む、』それきりである。尤も、類考の曳尾庵《えびあん》※手寫本《しゅしゃぼん》には、『しかしながら、筆力雅趣ありて賞すべし』とあると云ふから、或《ある》程度の好評は博した事があるかもしれない」

※曳尾庵《えびあん》　江戸時代後期の医師・俳諧宗匠、加藤曳尾庵《えびあん》

さすが芥川龍之介。写楽が誰であるかや、写楽の浮世絵への評価も的確に指摘していたのだが、のちの昭和の浮世絵に造詣の深い著名人たちは、この一文を一顧だにせず、独自の説を、いわゆる「写楽別人説」を唱えて、ますます謎を深めるのである。

「さいとうしふ」と「とうしふさい」

写楽は「東洲斎写楽」とも名乗ったが、蔦屋重三郎を「蔦重」「つた十」「蔦屋重三《じゅうざ》」などと呼んだり略記したりしたのと同様、俗称斎藤十郎兵衛の略称は「斎藤十」だったようで、これが「写楽は誰か」を特定する重要なカギとなった。

「斎藤十」を、当時の黄表紙などに広く使われていた〝江戸風の平仮名書き〟で表記すると、どうなるだろうか？

「さいとうしふ」

となり、この6文字を組み変えると、

「とうしふさい」

となり、これを漢字にあてはめて「東洲斎」と表現した。

山東京伝の由来が「紅葉山の東に住む京伝」だったり、蔦屋重三郎の狂名「蔦唐丸」は本名の「柯理」のアレンジであったり、そのように本名、居住地、屋号などを号に織り込むのは、決して特殊なことではなく、ごく普通の発想だったのである。

しかも、この文章を追記したのは、写楽と同時代人で蔦重の家に寄宿していたことがある十返舎一九《じっぺんしゃいっく》だったという事実も、「写楽は斎藤十郎兵衛」説を動かぬものにした。

斎藤十郎兵衛が写楽であることを暗示した前記の『浮世絵類考』は、大田南畝が「原《げん》撰《せん》」し、寛政年間（1789〜1801年）に成立した。同書は原本ではなく、写本である。原本は大和絵・一枚絵・漆絵・吾妻錦絵・役者似顔絵などを分類し、それらの発生・変遷について述べたものだったが、写本の方は「絵師の略伝」のみを抜萃しただけという違いがあるものの、資料的価値は決して低くはない。

同書の信頼性が高いのは、南畝の原撰後、山東京伝、馬琴、式亭三馬、渓斎英泉《けいさいえいせん》といった浮世絵に深く関わった当事者たちが「補記」「追考」「続」「増補」「新増補」と称して続々と加筆修正を加えているからである。

まず京伝が1802（享和2）年10月に「追考」し、それに三馬が「補記」すると、浮世絵師の渓斎英泉が「無名翁」の号で1833（天保4）年にそれを合わせただけでなく、自身の「追考」も加えて『続浮世絵類考』とし、さらに1844（弘化元）年には考証家の齋藤月岑《げっしん》が補記して『増補浮世絵類考』と題した。これで終わりではなく、1868（慶應4）年には龍田舎秋錦《りゅうでんしゃしゅうきん》が「訂正」を加えた『新増補浮世絵類考』と改題した。

だが、最初の内容から年が隔《へだ》たれば隔たるほど、誤記が増える危険性もあるので、蔦重、写楽、歌麿と同じ時代に生きて付き合いもあった京伝、馬琴、一九が書いたことの方を正しいと考えるべきだが、その一方で、よく知っている同業者だけに「どうしても辛口な評価になりがち」ということも頭に入れておく必要があろう。

いずれにせよ、『浮世絵類考』に十返舎一九が追記した記事から「写楽は斎藤十郎兵衛！」説が濃厚だったのだが、昭和30年代（1955～1964年）になると、写楽は蔦重、丸山応挙、谷文晁《ぶんちょう》とする説が現れた。だが、それは序章に過ぎず、昭和40年代（1965～1974年）に入ると異説を唱える人が次から次へと現れて、〝写楽の謎〟は泥沼状態に突入してしまい、芥川龍之介の短評を口の端にのぼらせる人などいなくなっていた。

ところが、昭和52(1977)年に九州大学の中野三敏教授が文政元(1818)年に書かれた古文書『諸家人名江戸方角分《しょかじんめいえどほうがくわけ》』(写本)に「写楽斎と号する浮世絵師が八丁堀の地蔵橋あたりに居住」との記録があると発表するに及んで、「写楽は斎藤十郎兵衛」説は俄然、決定的となったのだ。なるほど、写楽斎には斎藤の「斎」と能楽の「楽」が入っていて斎藤十郎兵衛の画号らしいことがすぐにわかるが、「しゃらくさい」では狂名のように受け取られかねないので、当人の発案か蔦重のアドバイスかのいずれかによって、「写楽」としたのかもしれないと推察できる。

それでも、1984(昭和59)年には高橋克彦が「秋田蘭画説」をテーマにした小説で「江戸川乱歩賞」を受賞し、NHKテレビが版画家の池田満寿夫の「中村此蔵《このぞう》説」を特集、1985(昭和60)年には京大教授だった梅原猛が「歌川豊国説」を唱えるなどして写楽の謎に迫ったが、斎藤十郎兵衛説を覆すまでには至らず、今ではそれらの推理のやり方は興味深く面白かったが、いかんせん完全な誤説とされている。

で、憎まれ口を叩くなら、昭和30年代以後の「写楽は誰か」という〝謎解き合戦〟は、今にして思えば「幽霊の正体みたり枯れ尾花」だったということになりはしまいか。

写楽を世界的に有名にしたのは欧米人

写楽の名が世界的に有名になるきっかけをつくったのは、ユリウス・クルト（1870～1949年）というドイツ人だ。

彼はベルリン大学でプロテスタント神学を学び、ルプレヒト・カール大学で博士号を取得したが、アジアの古美術に関心を抱いて日本の浮世絵を研究し、1907（明治40）年に歌麿に関する評論「UTAMARO」を発表すると、1910（明治43）年には写楽初の評論「SHARAKU」も発表、これによって写楽の名は欧米人の知るところとなり、日本では戦前の1944（昭和19）年に初めて邦訳され、遅まきながら日本人の間でも「写楽は誰か」に関心が集まることになったのである。

日本の浮世絵を外国人が知った最初は、フランスの版画家ブラックモンとされている。彼が浮世絵と出合ったのは何万分の1かの偶然だった。版元のところで、日本から輸入した陶器の箱の緩衝材に使われていた紙に画かれていた北斎の浮世絵にたまたま気づくのである。北斎漫画だったといわれている。

それまで見たこともないミステリアスな絵に驚いた彼は、友人の画家マネ、ドガらに話したのが最初で、1856(安政3)年のこととされているが、それが発端となって浮世絵だけでなく、陶器や民芸品なども含めた日本の美術品を愛好する「ジャポニスム《日本趣味》」といわれる一大ブームにまで発展するのはそれから11年後、1867(慶應3)年の「パリ万博」を待たなければならない。

財界のリーダー渋沢栄一も関わり、国威をかけて出展した日本の美術工芸品に西欧人が関心を持ち、北斎の「神奈川沖浪裏《なみうら》」などの浮世絵の存在を知って、それまで見たことのない構図や画法に驚嘆し、「ジャポニスム」と呼ぶ日本ブームが広がった。

浮世絵は、モネ、ルノワールといった印象派の画家に多大な影響を及ぼしたが、それ以前に日本に西洋医学をもたらした外国人がいた。ヴュッツブルク大学医学部を卒業したドイツ人医師シーボルトである。彼は日本滞在中に収集した浮世絵を離日する際に大量に持ち出しており、一部の西欧人にはすでに浮世絵の存在は知られていたのだ。

シーボルトが日本に滞在した期間は、二度に分かれる。初回は東インド陸軍少佐だった1823(文政6)年で、オランダ商館へ医師として来日、3年後に初めて江戸参府を実現するのだが、そのとき持ち出し禁止とされていた「日本地図」を保持していたために、1829(文政12)年に国外追放となった。シーボルトは1796年生まれなので、日本式の数え歳でいうと、このとき34歳。蔦重が没する1年前の出来事である。

シーボルトの追放処分が解けて2度目の来日を果たすのは幕末の1859(安政6)年、幕府の顧問(オランダ貿易会社の顧問)として3年間滞在した。

写楽はなぜ忽然と姿を消したのか

通説では、蔦重が絵のうまい能楽師を発掘し、大抜擢して斬新な「大首絵」をはじめとする大量の役者絵を描かせ、「写楽」という画号で発表したという筋書きになっているが、そうとばかりもいえないのではないか。

謎というほど大げさな話ではないが、〝絵のうまい素人の絵かき〟として市中に埋もれていた斎藤十郎兵衛《じゅうろべえ》という能楽師を蔦重がどうやって発掘したのかもわかっていない。

幕府公認の能楽者名簿『猿楽分限帖《さるがくぶんげんちょう》』や能楽者の伝記『重修《じゅうしゅう》猿楽伝記』には、斎藤十郎兵衛の名があり、1761(宝暦11)年生まれということなので、「浮世絵師写楽」としてデビューした1794(寛政6)年には34歳。その若さなら蔦重の無理な要請に応えて、浮世絵を量産できる体力も気力も野心もあったろう。

2人の最初の出会いの時期は不明だが、「能楽師が趣味で変わった役者絵を描いているが、プロはだしの腕前だ」という話を蔦重が聞き及んで訪ねたということも考えられる。そのとき十郎兵衛が「画きためていた作品」といって見せたなかに、役者の胸から上を描いた大迫力の「大首絵《おおくびえ》」があって驚嘆、もっと描いてほしいと依頼した可能性もなくはないし、能を演じるだけの生活に変化を求めて十郎兵衛の方から蔦重に売り込んだ可能性だってありえないとはいえず、その手の細かい謎はいっぱいあるのだ。

また、「写楽がなぜ短期間で姿を消したか」という謎を解くには、寛政の改革による弾圧で、それまで江戸の文芸を隆盛に導いてきた恋川春町、朋誠堂喜三二、大田南畝といった武士階級の戯作者が何人も執筆をやめたことがヒントになる。

写楽の代表作『市川鰕蔵の竹村定之進』（東京国立博物館／ColBase）

斎藤十郎兵衛の職業「能楽師」は、阿波侯《あわこう》（蜂須賀《はちすか》家）から俸禄をもらっている「士分《しぶん》」という身分だったのである。しかも、彼が住んでいた土地柄が、テレビの時代劇でお馴染みの

「与力」「同心」ら奉行所の関係者が多く居住していた「八丁堀」という特殊事情も関係していたのではないか。

そのような箍《しがらみ》の多い境遇を考えると、蔦重と組むことは「身上《しんしょう》半減の闕所《けっしょ》処罰を受けた前科者の再起の片棒をかつぐことになる」との穿った見方もされかねず、大手を振って本名を明かすことなどできなかったろうし、ましてや主君の阿波候から横槍が入り、「浮世絵師の道を取るか、士分をとるか」と二者択一を迫られ、半ば強制的に足を洗わされた可能性もないとはいえず、そしてまた、その間の事情は「口外秘」とされ、第三者には一切知らされず、真実が明るみに出ることはなかったと考えられないだろうか。

法光寺の過去帳に記載

1795（寛政7）年に江戸画壇から忽然と姿を消した写楽は、それから25年後の1820（文政3）年に58歳で死去し、千住で火葬されたと記す過去帳が埼玉県越谷市の法光寺（浄土宗本願寺派）で見つかっている。なぜそんな場所に墓地があったのか。

同寺のホームページに「写楽と法光寺」というコーナーがあり、以下の解説がある。

「平成9年（1997）年6月、徳島市『写楽の会』の調査によって、写楽に関する資料

（過去帳）が当寺にて発見されました。当寺の江戸時代の過去帳、文政三庚辰（1820）年の部の中に、斎藤十郎兵衛に関する記載が発見され、写楽＝十郎兵衛説を書いた過去の記述を、証明することとなりました。」

蔦重の指示するままに、1794（寛政6）年5月に最初の1枚となる「大首絵」を画き始め、翌年正月に細判絵《ほそばんえ》（15・5×33センチ）と呼ばれる最後の1枚を画いて筆を擱《お》いた写楽。その日から202年後に写楽の墓が見つかったのは、虚実とりまぜて世間を騒がせてきた〝謎の絵師〟にふさわしい劇的で奇跡的な出来事だったといってよかろう。

法光寺のHPのブログには、まだ続きがある。

「過去帳には『辰三月七日　釋大乗院覚雲居士《しゃくだいじょういんかくうんこじ》　八丁堀地蔵橋阿州殿御内《あしゅうどののみうち》　斎藤十郎兵衛事《こと》　行年《ぎょうねん》五十八歳千住《せんじゅ》ニテ火葬』と記されていました。

さらに、斎藤家について調査した結果、寛文8（1668）年から明治初期に至る約200年の間に、およそ30名の記録が確認され、斎藤家と菩提寺法光寺の密接な関係が推察されることとなりました。過去帳の発見により、斎藤十郎兵衛が実在したことが証明され、古来より言われてきた写楽＝十郎兵衛説の信憑性も一段と深まりました。」

これで一件落着だが、写楽にはまだまだいくつもの謎が残されている。

写楽が活動期間10ヵ月の間に画いた浮世絵の総数は140数点という言い方をすることが多いが、本書では144点とする。蔦重は、それらを4期に分けて発表したが、それぞれの特徴は大きく異なっている。以下のとおりだ。

第1期　寛政6年5月発表／28点。〔内訳〕すべて「大首絵」(背景は黒雲母摺り)。
※3座(都座・桐座・河原崎座)の歌舞伎を取材して描いた

第2期　寛政6年7月・8月発表／38点　〔内訳〕すべて「全身図」。①大判(背景は黄つぶし)8点、②細判(背景なし)30点　※2座(都座・河原崎座)に取材

第3期　寛政6年11月／64点　〔内訳〕①間判9点(背景は黄つぶし)、②細判47点(背景あり)、③都座…間判2点、④相撲絵…大判3点・間判1点、⑤追善絵…間判2点　※3座(都座・桐座・河原崎座)に取材

第4期　寛政7年1月／14点　〔内訳〕①細判10点、②相撲絵(大判)2点、③武者絵(間判)2点。　※2座(都座・桐座)に取材

これらの絵に対する定まった評価は、第1期・第2期の作品には誰もが驚嘆するが、第3期・第4期の作品は「これが同じ人物の絵か」と落胆するほどクオリティが低く、蔦重にどんな目論見があって、このように区分けして発表したのか。これも謎である。

写楽は、世間から絶賛されると思って取り組んだはずだが、結果的には第3・4期は手を抜いたのではないかと疑われるような作品になった。

その理由は、いろいろ考えられる。たとえば、①歌舞伎の上演日程の都合で取材できなかった、②デフォルメした画き方にクレームがついた、③途中で息切れした、④病気になって作画する気力が衰えた、⑤画き方をめぐって蔦重と衝突した、⑥どこかから圧力がかかったなどだが、残念ながらいずれも推測の域を出ず、これまた謎なのである。

重版仕掛人

酉《とり》 奇想天外な発想と商才

蔦重は発想の転換も速かった。松平定信が30歳で老中に抜擢されて「寛政の改革」に着手した江戸城下で、石田梅岩を祖とする「心学《しんがく》」がブームになると「教訓色の強い黄表紙」を京伝や馬琴に提案、抱腹絶倒の「心学風黄表紙」を書かせ、大当たりをとる。

新潮流「心学」ブームの大波に乗る蔦重戦略

世の中に蚊ほどうるさきものはなし文武というて夜もねられず

江戸市中では、松平定信の寛政の改革の目玉政策である「文武奨励」を風刺するこんな狂歌が流行《はや》り、作者は大田南畝《なんぼ》と噂されたが、当人は否定した。

定信の〃潔癖的理想主義〃を風刺した落首では、次のものもよく知られている。

白河の清き流れに水絶えて昔の田沼今ぞ恋しき

文武奨励策の影響で、京都の商人石田梅岩《ばいがん》が享保年間に始めた「心学《しんがく》」（石門《せきもん》心学）がちょっとしたブームになっていた。

石門心学は、天明・寛政期には、梅岩門人の手島堵庵《てじまとあん》を経て堵庵の門弟中沢道二《どうじ》の代になっていたが、松平定信が「改革の二本柱」としてぶち上げた「文武奨励」「質素倹約」にぴったりな「神《しん》・仏《ぶつ》・儒《じゅ》（神道・仏教・儒教の略だが、京伝は儒・仏・神の順にしている）を一体化した教え」であるのに加えて、身近な例や話題をふんだんに用いた講話が面白く、わかりやすいと大評判になり、身分を問わず、江戸の人々の間で人気化したのである。

嗅覚の鋭い蔦重がそういう社会情勢を見逃すわけがなかったが、蔦重より先に素早く動いて山東京伝に声をかけ、教訓物の黄表紙『心学早染草《しんがくはやぞめくさ》』を書かせた版元がいた。大伝馬町2丁目の書肆大和田安兵衛《おおわだやすべえ》だった。

安兵衛は初版を手掛けたが、その後、版木は榎本屋が引き継ぎ、さらに〃商売上手な仕掛人〃蔦重の手に渡ったことで、売れ行きに拍車がかかり、売れまくったので版木がすり減ってしまい、蔦重は新規に作り直したというエピソードが残っている。

『心学早染草』という書名の由来だが、当時流行していた心学の教えが早く心に染み入るというニュアンスを、衣料が速く染まるのがセールスポイントの「早染艸《はやそめくさ》」と名づけた染料に掛けた営業センスのよさも売れた大きな要素だった。

善と悪の戦いを面白く描いて人気爆発

さすがに〝百戦錬磨の当代一の売れっ子戯作者〟京伝である。『心学早染草』の筆は冴《さ》えまくり、冒頭から読者の心をガシッと鷲づかみにした。

「人間に魂《たましい》といふものあり。いかなるものぞといふに、男の魂は剣なるべし。又、姫小松の浄瑠璃（「姫小松子日遊《ひめこまつねのひのあそび》」）、俊寛《しゅんかん》がいゝぶんをきけば、女の魂は鏡にきわまりたり。又、芝居の魂（歌舞伎で使う人魂《ひとだま》）は、あかがねにあかき紙をはるものなりと。そんな論はみなわきへのけておくがよし。剣と鏡なりといふは、みな譬《たとえ》なり」

子どもにもわかるような平易な文章に加えて、伝奇的な要素もうまく加味されている。

「そも〳〵《そもそも》天上に、天帝《てんてい》と申す尊《たう》とき神おわしまして、つねに茶碗のやふなものへ、むくの実の皮のやふなものを水にてとき、竹のくだをひたして魂をふき出し給ふ。その理方《りかた》（理屈）、子どものもてあそぶシャボンのごとし。ふき出し給ふときは、こと〴〵く《ことごと》全き魂なれども、妄念・妄想の凧にふかれて、中はいびつになり、あるひは三ン角四角になつて、とび行くもあるなり」

主人公は、日本橋のほとりに住む目前屋《もくぜんや》理兵衛という有徳《うとく》（裕富）な商人の息子、理太郎である。目前屋という名は「目の前の利」を暗示している。

いびつな悪魂は、誕生した理太郎の体の皮肉（皮と肉の間）へ分け入ろうとした。理太郎、危機一髪。と、そこへ正義の味方が登場する。

「天帝《てんてい》あらはれ出《いで》給ひ、悪魂《わるたましい》（「あくたましい」と読ませるときも）が手をねじ上《あげ》給い、全く丸き善き魂を入《いれ》給ふ。これ親《おや》の理兵衛が、つねに一心の治めよきゆへ、天帝めぐみをたれ給ふゆへなり。されども凡夫の目にはすこしも見へざることこそあさましけれ」

悪魂は、折あらば理太郎の体内に入り込んで、皮肉のなかを住み家にして、善魂をなきものにしようと好機が到来するのを虎視眈々と狙っていた。そして悪魂は、ついに成人した理太郎の体と魂の乗っ取りに成功し、廓通いや泥棒をさせるのである。

㊟善㊟悪は鬼太郎の「目玉親父」を連想

『心学早染草』の画工は北尾政美が担当した。政美は、京伝より3つ下の腕抜《うでこ》きの絵師で、のちに狩野派に転じて鍬形蕙斎《くわがたけいさい》と名乗り、「北斎嫌いの蕙斎《けいさい》好き」と評判を取る。

その政美が画いた悪魂の顔は㊟、裸の体は下半身に腰巻のようなものを巻き付けているだけ。そんな姿はどこか『ゲゲゲの鬼太郎』の目玉親父を彷彿させるものがある。

「悪魂《あくたましい》どもついに理太郎が皮肉《ひにく》へわけ入《いり》、善き魂《たましい》の女房、ふたりの男子を追い出しければ、三人手を引合つて、年《とし》久しく住みなれし、からだを立退《たちの》くこそあわれなり。これより理太郎は大のどら者（放蕩者）となり、（遊郭に）四五日ヅツ居続けする」

理太郎は、とうとう宿なしになり、追剥《おいはぎ》に身をやつすが、逆に捕まえられる。捕まえたのは心学者の道理《どうり》先生。先生は、理太郎を不憫に思い、説教して善心に導こうとする。

「理太郎は道理先生に命をたすけられしうへ、儒《じゅ》・仏《ぶつ》・神《しん》のたうとき道をきゝ、今は先非を悔ひ、本心へ立《たち》かへる」

改心した理太郎に道理先生は、こう説くのである。

「人間万事大切なるは一ッなる心なり。みなおのれが心より出《いで》て、おのれが身をくるしむる。その心はすなわち魂じゃ。こゝの道理をとくと合点せねばならぬ」

そして京伝は、最後をこう締めくくったのである。

「かの善き魂のせがれ両人は、おやの跡目をつぎ、ながく理太郎がからだをすまいとして、母をもはごくみ、おこたらず守りけり。これにより魂がすわつて、ふたゝび立つ事なし」

作者や版元が実名で登場して読者と心を通わすのが〝黄表紙のお約束〟だが、『心学早染草』もその約束を守り、蔦重は「本屋の何某《なにがし》」として登場している。そんなことをしなくても、今や蔦重という略称や耕書堂という書肆名は人々の間に深く浸透している。後を振り返らない生き方を実践してきた蔦重は、どこまでもしたたかだった。身上《しんしょう》半減というスキャンダルまで宣伝に一役買わせた。

心学シリーズの第3弾・第4弾

㊏㊍──人の顔を○にして、その○のなかに「善」「悪」と書き入れた京伝のアイデアが秀逸で、石門心学人気という追い風もあって、江戸市民に大受けし、「黄表紙に新境地を開いた」のだった。

蔦重は、当然のように続編を考えた。京伝に話を持っていくと、小心者の京伝は手鎖のショックから立ち直ることができずに鬱々としており、「続編など、とんでもない」と拒絶反応を示した。そういうだろうことは百も承知の蔦重は、熱意を込めて説得を続け、京伝は次第に乗って来て、「絵も自分が画く」と言い出し、心学シリーズの続編『人間一生胸算用《むなざんよう》』（3巻）が誕生するのである。

　京伝は、読者の意表を突く序文を思いつく。下半身だけを腰巻のようなもので隠した半裸姿の(善)が「口上」を述べる絵を画き、その頭上の空白部分に口上を書き込むのだ。

「東西東西《とざいとうざい》、皆々様より高いところに控えました上に、このような裸身で失礼の段、どうかご容赦くださいませ。ところで、昨年は、わたくしども関係者が一堂に会しまして、拙い狂言に取り組み、皆様方にご覧いただきましたところ、望外なる高評を賜わりまして、大慶の至りでございます」

（東西東西、高《たこ》うひかへました上ならず、裸にて失礼の段、御用捨《ごようしゃ》下されませう。さて去年、私共よりあつまり、不調法《ぶちょうほう》なる狂言とりくみ、御覧に入《いれ》ましたる所、殊《こと》の外《ほか》御評判なし下され大慶仕りましてございます）

山東京伝作・画『人間一生胸算用』より（国立国会図書館）

京伝は、いつのまにか、これまでと同じように蔦重の掌の上で踊っていたのである。

本文に進むと、着衣姿は普通の人間だが、顔が㊋や㊌の男の挿絵も出てきて驚いていると、顔が目玉・口・耳・鼻・手・足の男たちが続々と現れ、まさにゲゲゲの鬼太郎ワールドさながら。面白くないはずがなかった。読者は腹をよじって笑った。

大流行の心学的教訓をテーマにしながら、心学講話では聞くことのできない奇想天外な内容の『人間一生胸算用』が、「悪玉《わるたま》後篇」（悪玉後篇）と角書に銘うって1年後の1791（寛政3）年正月に発売されると、蔦重の読み通り、前編に負けず劣らず、売れに売れた。読者の圧倒的な支持という〝何物にも代えがたい特効薬〟の効き目か、蔦重・京伝ともに自信を回復するのである。蔦重42歳、京伝31歳の春のことだった。

京伝流心学と「華厳宗」の教え

心学シリーズという新たなる鉱脈を掘り当てた蔦重は、さらなる第3弾を考えた。だが京伝は、第2弾を勧めたときにも増して執筆を拒んだ。柳の下に3匹目のドジョウはいないというのである。

もっともな拒否理由だったが、そんなことで引っ込む蔦重ではない。またしても猛烈に説得し、京伝の執筆意欲を刺激。京伝は折れて、第3弾の執筆を開始する。今度は「善魂・悪魂」ではなく、「善玉《ぜんだま》・悪玉《あくだま》」とした『堪忍袋《かんにんぶくろ》緒〆善玉《おじめのぜんだま》』（3巻）を挿絵北尾重政とのコンビで1793（寛政5）年に完成させる。これが、今日も使う「善玉・悪玉」という言葉の最初である。

表紙をめくると、下方に「かきつばた」の挿絵があり、咲いているのは2輪の花ではなく、「心」という字が2つ太書してあって、次のような賛《さん》が添えてある。

心《こころ》は巧画師《こうがし》の如し
心《しん》は画《が》なり、濃くも
うすくもかきつばた
寛政五丑《うし》春　山東京伝賛

「心は巧画師《こうがし》の如し」は、『華厳宗』（巻10）の一節「心は工《たく》みなる画師の如し」を自己流に心学風に表現したのか。

ページをめくると、京伝の家の書斎で、京伝が蔦重と向かい合っている挿絵が目に飛び込んでくる。右手に煙管《きせる》を握った煙草好きの京伝が、机にもたれるようにして座っている。蔦重は煙草盆を前にして半分ほど開いた扇子を右手に持ち、湯飲み茶碗を右手にかかげた女性から「お茶、あがりませ」と勧められているところだ。

女性は振袖姿なので手伝いの若い女性かと思ったが、着物の裾に菊花を散らした模様がみえることから、遊女あがりの京伝の妻「お菊」であることがわかる。

部屋には「菊軒」と書かれた額がかかっている。菊軒はお菊にちなんだ京伝の別号の一つだが、お菊は『堪忍袋緒〆善玉』が刊行された1793（寛政5）年に病没している。この絵は前年に描かれているので、そのときは存命していたのである。京伝が吉原の遊郭「扇屋」の年季が明けた新造「菊園」を娶《めと》ったのは、1790（寛政2）年のことであり、わずか3年の短い結婚生活だった。

同書を執筆するに至った経緯を京伝は、次のように記している。現代語訳すると、「山東京伝は、先年（1790年）、『心学早染草』という黄表紙を構想していて『善《ぜん》魂《たましい》・悪《あく》魂《たましい》』と呼ぶ一対の玉を考えつき、身近な例にあてはめて、子どもたちの遊びに供した。これが大好評で、初篇・2篇と続き、大ヒットとなった。

すると、味をしめた本屋の何某《なにがし》が、最近また3作目を依頼してきたので、こういったのだ。『二番煎じの黄表紙は言葉の花が薄くて人の心には響かない。引き受けられない、引き受けられない』と頭を振ると、本屋が、

『先生は、未だ天地の大いなることをご存知ない。行く川の流れは絶えずして、しかも昨日の見物は今日の見物にあらず。高麗屋《こうらいや》（松本幸四郎一家の屋号）が幡随院長兵衛《ばんずいいんちょうべえ》を演じ、訥子《とっし》（3代目沢村宗十郎。屋号「紀伊国屋」）が頼兼《よりかね》（源頼政の次男）を演じ、半四郎（4代目岩井半四郎）が七変化《しちへんげ》、政太夫《まさたゆう》（義太夫節の竹本政太夫）が鬼一法眼《きいちほうがん》を幾度演じても大当たりしたではありませんか。なのに、先生はどうしてやらないというのですか』

と説きまくるので、とうとう3篇の草双紙を作る羽目になったのだ」

そのとき本屋の何某、つまり蔦重は、こういうこともいったと京伝は語っている。

「譬《たと》へ足を摺子木《すりこぎ》にして、声を辛子味噌《からしみそ》にするとも、いまばん※先生お株の悪玉の作を願わねばならぬ」　※いまばん「どうしても」の意

京伝の心中も手の内も知り尽くしている蔦重は、念を押すことも忘れなかった。

「明日、暮れ六つ（午後6時）の鐘を合図に、小僧を取りに上げます。代筆とぢき作は、相好《そうこう》が変はると申せば、贋作は受取りません」（傍点は筆者）

京伝が再婚するのは7年後で、相手は今度も遊女。吉原の遊郭「玉の井」の百合を身請けして後妻としたのである。彼女は、身を粉にして京伝に尽くしたが、京伝が死ぬと生きる気力をなくし、発狂して死んでしまう。それくらい京伝に感謝していたのだろう。

第4弾の代役は馬琴

第3弾『堪忍袋緒〆善玉』も売れたので、蔦重は京伝に「心学シリーズ」の第4弾の執筆を求めたが、京伝は断固拒否。蔦重は困ったが、再起がかかっている。そう簡単にあきらめるわけにはいかない。

そこで蔦重は、筆禍事件以後、「京伝に続く耕書堂の次代を狙う戯作者」と考えてきた人物に白羽の矢を立てた。曲亭馬琴だった。

さっそく馬琴を訪ね、「替玉の役を引き受けてほしい。ただし、馬琴の名で出版したい」と告げた。馬琴は快諾、蔦重が亡くなる前年の1796（寛政8）年に『四遍摺心学《しへんずりしんがく》草紙《そうし》』と題して刊行されるのである。

馬琴が黙って引き受けた理由は何だったのか。

かつて洪水で家が流され、住むところがなくなったとき、心よく京伝宅に同居させてもらって以来の恩義に報いるためか。手鎖の刑に遭って書けなくなった京伝の代作をしたことを思い出しでもしたからか。蔦重は、17歳年下の馬琴の眼に「商売熱心で、どこかおっかないが、義理人情にあつく、頼りがいのある親分肌の男」と映っており、その親分の苦境を救おうと勇み立ったのか。

むろん、そうした諸々の感情もあったろうが、引き受けた最大の理由は、そう長くは生きられない蔦重の病状を知ったからではなかったのか、と筆者は考えるのである。

馬琴は、引き受けた経緯などを、序に次のように記している。

「昔時《むかし》、朋友山東何《さんとうなに》がし、善悪一双《いっそう》の玉を磨《みが》ひて、世に輝《かがやく》こと已《すで》に三遍《へん》に曁《およ》べり。這頃《そのころ》、耕書堂の主人、余《よ》にその四遍を需《もと》む。烏虖《あゝ》、我川童子《わがかつぱ》の屁《へ》玉を以て、奚卞和子《なんぞべんかし》※の眼玉を欺《あざむか》ん。今や此《この》玉、三遍廻《まわつ》て煙艸包舗《たばこいれや》の引出しに隠れる。淡海公《たんかいこう》※も把《と》ること難《かた》く、藺相如《りんしょうじょ》※も全《まつた》くし難《がた》し。故《かるゆえ》に詞《ことば》の璧《たま》を返して辞《じ》すれども免《まぬがれ》ざれば、遂に玉〱《玉》の需《もとめ》を塞《ふさい》で、是《これ》を戯作の換玉《かへだま》となし、迺《すなはちほんや》書肆の親玉に授《さづ》く」

※卞和子《べんかし》　『韓非子』の故事に出てくる中国の春秋時代の楚国《そのくに》の人。宝玉を発見し、王に献上すると偽物とされて左足を切られ、次の王には右足を切られたが、その次の王に「15の城と交換できる価値がある本物」と鑑定され、「連城の璧《たま》」「和氏《かし》の璧」と呼ばれるようになったという。　※淡海公　藤原不比等の諡《おくりな》。　※藺相如《りんしょうじょ》　「刎頸《ふんけい》の交わり」の故事で知られる中国の戦国時代の趙国《ちょうのくに》の恵文王の家臣。

唐突に出てくる「煙艸包舗《たばこいれや》」とは、京伝が銀座一丁目に開業した店舗のことだ。京伝は、

〃戯作者史上初の手鎖の刑〃がよほどこたえたようで、戯作者・画工の仕事をやめようと真剣に思いつめた。もともと戯作者や画工では食っていけないとの思いもあって、いっそのこと何か商売をしようと考え、煙草入れ屋にしたのだが、先立つものが要る。

その資金集めに動いたのは蔦重で、京伝作品を蔦重と二分している書肆の鶴屋も当然のように加わり、さらに泉屋も一枚噛んでスポンサーとなり、蔦重が音頭をとって「書画会」を開催した。すると、１７０～１８０人も集まり、収益は30両にも達した。京伝はそれを元手に開業したのである。馬琴や十返舎一九や歌麿らも顔を出したはずのその会が開かれたのは１７９２（寛政4）年5月で、場所は両国柳橋の「万八楼」だった。

『南総里見八犬伝』の発想原点

馬琴の『四遍摺心学草紙《しへんずりしんがくそうし》』は、誰でも知っている「浦島太郎」に材を取った。主人公は、浦嶋屋太郎介《うらしまやたろうすけ》で、「善悪の玉手箱」を重要な小道具として使ったのである。

京伝・蔦重の筆禍事件以後、遊郭を舞台にした洒落本、黄表紙の時代は終わり、それらに代って台頭した「読本《よみほん》」の世界に馬琴は生きる道を見つけ、大戯作者への道を歩み続け、ついには読本の第一人者としての不動の地位を築くが、その発端になったのがこの作品ではないか。異論も当然あろうが、筆者はそうみている。そう考える根拠を述べたい。

悪玉と善玉の説明から始めた馬琴の書き出しは実に巧みで、浄瑠璃を意識した心学の講話風に仕立て、稀代のストーリーテラーとしての才能をいかんなく発揮している。

※理解を早めるために以下の文章中、父《とゝ》、母《かゝ》、払底《ふつてい》、銭金《ぜにかね》以外のルビは筆者が振った。

「わるたま《悪玉》・ぜんたま《善玉》は、一つの名にして又《また》一つの名にあらず。たとへば、よき玉《善玉》は福に神の如く、悪玉《わるたま》は貧乏神の如し。人に慈悲、善根《ぜんこん》をなす人は子孫繁昌して何ひとつ不足なく、三ど《三度》のおまんまをたんと食べて、払底《ふつてい》なる銭金《ぜにかね》たくさん持ち、父《とゝ》は母《かゝ》をかわゆ《可愛》がり、母は父を大事にうやまひ《敬い》、その子は父母《ちゝはゝ》に孝行をつくす。これ、その家の善玉なり。

哥《うた》ニ〽正じき《正直》をまことのはら《腹》にもちそ《※添》えて三ど《三度》いただくめし《飯》のぜんたま《善玉》」

※もち　「餅」と「持ち」を掛けている

「又《また》わる玉《悪玉》といふは、家業を粗略にして大酒をのみ《飲み》、銭金《ぜにかね》は涌《わ》きもの、乞食も米の飯を食ふとばかり心得、父は母を邪慳《じゃけん》にあしらい、母は父を野郎よばゝり《呼ばわり》して、その子は父母に不幸をつくし、ついに親の首へ縄を付《つけ》る。これその家のわる玉《悪玉》なり。こゝのところを料《りょう》簡《けん》すれば、ぜん《善》玉わる《悪》玉は、おのれおのれが心にあるとしる《知》べし。

哥に《ママ》〽けんどん《慳貪※》のふうふけんく《夫婦喧嘩》はは蕎麦切《そばきり》のうつ《打》てかゝれど　ぬけぬ《抜けない》あく玉《悪玉》」

※けんどん　つっけんどんの「けんどん」で、「思いやりがない」の意。

馬琴は、斬新さを出す工夫をした。京伝の着想を潤色し、○顔の種類を増やしたのだ。

(吉)(凶)(生)(欲)(色)(眼)(首)(手)(玉)(金)(屁)(涙)(慈)(悲)(実)(胆)

といった顔が挿絵に描かれ、文中では実《じつ》玉・五色玉・胆《きも》玉・親玉・目玉・欲玉・性根玉・屁玉という言葉を使い、読者を喜ばせた。

(替)もある。この玉は京伝の代役を暗示する一方で、〃化身〃を意味する大事な「心の替玉」だとわかる。そういう技を操るのが「心学の狂言和尚」という設定である。

「きさま《貴様》の一心の置所《おきどころ》が悪いと睨んだゆえ、飯炊《めしたき》のおさん《女の名》を傾城《けいせい》あか玉《赤玉》と見せ、茶や《茶屋》・船宿・遣手《やりて》までみんなこつちの廻《まわ》し者、これが心の替玉といふものじや。めし炊《飯炊》のおさんと思へば色気もなく、傾城《けいせい》のあか玉《赤玉》と思へば現《うつつ》を抜《ぬか》す、これ皆まよひ《迷い》の玉がくもる《曇る》から起った事、（中略）心学の狂言和尚、仁義五常の綱《つな》をもつてその本心をいましめたれば、やつぱりもとのうらしま《浦嶋》屋の旦那株、夫婦善悪の玉手はこ《箱》を大事にして、七世やしは子《やしゃこ(玄孫)》まで栄《さか》へやれ。なんとめでたく合点《がってん》がいきましたか。

〽太郎介が身に付添《つきそい》ひたる玉共《ども》、みなちり〳〵《散りぢり》に逃失《にげう》せ、もとの玉手はこ《玉手箱》へ入りけるぞふしぎ《不思議》なる。されば、いろ玉よく玉《色玉・欲玉》と、その品《しな》はかわれども、詰《つま》る所はみな一心のわる玉《悪玉》

なり」

本書で初めて見られる〇字の使い方もある。同じ㊩という絵文字が団子状に連結した挿絵が出てくる場面があるのだ。㊩の「珠《たま》」という字は、数珠《じゅず》の「珠《ず》」である。『四遍摺心学草紙《しへんずりしんがくそうし》』の全篇を貫くのは、「勧善懲悪」と「仁義礼智信」の「五常」で、このテーマは、馬琴畢生《ひっせい》の大傑作にして江戸文学の代表作とも称すべき読本『南総里見八犬伝』と同じであり、㊩は「八犬士をつなぐ霊玉」につながる発想ではなかろうか。伝奇色が強い作風も共通する。

『南総里見八犬伝』では、里見家の伏姫《ふせひめ》が死ぬときに四方八方に飛び散った数珠の玉は8つ。「五常」の発展形「八行《はちぎょう》」を意味する「仁義礼智信忠孝悌」の字が刻まれた珠で、そのどれかを生まれながら持っているのが、名字に「犬」の字がつく「里見八犬士」。㊀犬江親兵衛、㊁犬川壮助、㊂犬村大角《だいかく》、㊃犬坂毛野《けの》、㊄犬飼現八、㊅犬山道節、㊆犬塚信乃《しの》、㊇犬田小文吾《こぶんご》というわけだ。馬琴は、そのように設定したのだった。

歌麿に最高傑作を画かせ、一九をデビューさせた眼力

歌麿とは画く絵をめぐって考え方の違いが生じ、また、蔦重が写楽を大々的に売り出し

たことへの歌麿の嫉妬心も手伝い、そこへもってきて、他の版元からお呼びがかかったこともあって、両者間には隙間風が吹いていたが、筆禍事件をきっかけに蔦重の方から再び歌麿に新たな企画を持ちかけると歌麿も乗ってきた。これが「青楼十二時《せいろうじゅうにとき》」シリーズの発端である。

「青楼十二時」とは、子の刻から亥の刻までの遊郭の24時間を意味し、その間の遊女の姿を追った12枚で構成され、歌麿の最高傑作とも代表作とも絶賛される浮世絵となる。冒頭の「子」でも触れたが、十二支を使った本書の章立ては、これに倣った。

蔦重の摘発対象とされた京伝の洒落本3部作の1つ『錦之裏』の「昼間の遊女」という発想にヒントを得て、円熟期にさしかかった歌麿の流麗にして上品な筆致で画き切る美女絵にしたのである。幕府がどこをどう突ついても、文句のつけようがない誰が見ても美しく、魂までも揺さぶられそうになる絵。それが「青楼十二時」シリーズだった。

蔦重は、戯作者にも目を向けた。馬琴と並んで次代のビッグスターに育成しようと目をつけていた男に声をかけて、1794（寛政6）年秋から住み込ませた。すると、その男は、進んで店を手伝った。礬水《どうさ》（滲み防止用に使う膠《にかわ》と明礬《みょうばん》の混合液）を引いたり、挿絵を画いたり、戯作を書いたりと多彩な器用さを発揮した。それが、十返舎一九《じっぺんしゃいっく》である。一九は1765（明和2）年生まれなので、このとき30歳の青年だった。

その年（寛政6年）は恋川春町の『金々先生栄華夢』が大ブレークし、勢いに乗る蔦重は、大坂での下積み時代に身につけた一九の筆力を高く評価し、「この男を京伝、馬琴に次ぐ第3の戯作者にしよう」と考え、すぐにチャンスを与えた。黄表紙3冊を書かせたのだ。一九の自作自画の処女作『心学時計草《しんがくとけいぐさ》』『新鋳小判曩《しんふきこばんのみみたぶ》』『奇妙頂礼胎錫杖《きみょうちょうらいこだねのしゃくじょう》』は、こうして出来、1795（寛政7）年に耕書堂から同時発売された。すると、そのなかから、いきなりヒットが生まれた。心学ブームに乗った『心学時計草』である。

蔦重は、ここぞとばかりに一九を売り出だそうと勢いづき、「翌年も黄表紙3冊発売するから書け」と煽った。

意気に感じた一九は、怪談シリーズ3作を書いた。『化物小遣帳《ばけものこづかいちょう》』『化物（ばけもの）年中行状記』『怪談筆始《ふではじめ》』で、3作とも自作自画である。これらの作品を書いたことが、のちの『東海道中膝栗毛』で弥次さん北さんの珍コンビが浜松で幽霊に遭遇する滑稽な名場面につながるのだ。

この年（寛政8〈1796〉年）には、馬琴の『四遍摺心学草紙《しへんずりしんがくそうし》』と京伝の黄表紙2作『諺下司話説《ことわざげすのはなし》』『人心鏡写絵《ひとごころかがみのうつしえ》』も発売され、京伝・馬琴・一九の強力ラインナップとなった。馬琴・京伝の作品の画工は、すべて北尾派の総帥重政が務め、磐石を期した。

ところで十返舎一九という奇妙な筆名だが、もとをたどれば、本名重田《しげた》貞一《さだかず》の幼名「市《いち》九《く》」の市を一に変えただけの話。まじめな性格だったといわれており、十返舎の方は、大坂で近松余七と名乗っていた頃に慣れ親しんでいた「香道」の専門用語「十返《とがえ》り」をもじっている。香は嗅ぐのではなく「聞く」というが、信長が切り取らせたことで有名な伝説の名香「蘭奢待《らんじゃたい》」は、文字のなかに「東大寺」があることで知られ、その香りを十回も聞くことができるので「十返《とがえ》りの香」と呼ばれている類いまれな名香である。十返舎は、それにちなんでつけた高尚な号なのだ。

歌麿の弟子・歌川月麿が描いた一九（『画會主催 十返舎一九』東京国立博物館／ColBase）

滑稽本『東海道中膝栗毛』で一世を風靡した一九は、武士の出身である。駿河国府中（静岡市）の奉行所同心（下級武士）の子として1765（明和2）年に生まれ、成長すると小田切土佐守に仕え、江戸屋敷でも働いた。小田切が大坂町奉行になると付いて行ったが、「侍は性に合わぬ」と武士をやめて、浄瑠璃・歌舞伎の脚本を書いていた近松東南に弟子入りし、近松余七という戯号で、桶狭間の戦いを題材にした1789（寛政元）年の浄瑠璃『木下蔭狭間合戦《このしたかげはざまがっせん》』の共同脚本に加わった。材木屋の養子になるが、うまくいかずに離婚するなど、私生活は波乱万丈に近い。

創作活動をしたいという思いを断ち切れず、またぞろ江戸へ出るのは1793（寛政5）年のことだった。『東海道中膝栗毛』が人気爆発し、ようやく有名作家となるのは9年後の1802（享和2）年である。

病気が奪った蔦重と北斎の幻のコラボ

「人の夢」と書いて「儚《はかない》」と読む。蔦重はどんな夢を見ながら死んでいったのだろう。蔦重は、葛飾北斎や式亭三馬らの戯作に歌麿や北斎らの浮世絵も次々と手がけたかったに違いないが、病に蝕まれた体では思いだけが空回りし、馬琴の『南総里見八犬伝』、一九の『東海道中膝栗毛』、三馬の『浮世床』『浮世風呂』、北斎の『神奈川沖浪裏』といった傑作を耕書堂から次から次へと発刊して世間をあっと驚かせる夢は実現しなかった。

蔦重がプロデュースした浮世絵で、海外に流出して行方知れずになっているものも多い。たとえば、シーボルトが蒐集してオランダへ持ち帰った浮世絵で、いつしか人手に渡って行方知れずとなった作品のなかに、記録には残っていないが、蔦重がプロデュースした作品も数えきれないくらいあるのではないだろうか。

パリのモンマルトルで画材屋を営んでいた老人をモデルにした「タンギー爺さん」と題された油彩画がある。1887年にゴッホが画いた作品だ。絵のなかの爺さんの背後には、日本から流出した浮世絵を模写した油彩画が何点も並んでいる。「浮世絵の前の自画像」という作品も同じ年に画かれた。右の耳に包帯をしたゴッホの背後の壁に浮世絵が見える。狂気に駆られて発作的に耳を切り落とした年に画いた絵なのだった。ゴッホが集めた浮世絵のなかに蔦重が関わった作品はどれくらいあったのだろう。

北斎に関するエピソードでは、オランダのライデン国立民族学博物館が所蔵してきた著名も落款もなく、長い間、作者不明とされてきた6枚の西洋画風の絵が2016(平成28)年になって、実は北斎が画いたものだと判明する出来事があった。ゴッホら印象派の画家たちが浮世絵に刺激を受けたように、北斎もまたシーボルトから学んだ油彩技法を取り入れていたのである。

蔦重より10年遅く生まれて52年も長く生きた〝画狂人〟北斎。いくつもの大きな夢の実現途上で無念の病死を遂げた蔦重と90歳で大往生を遂げるまで野心的な絵に挑戦し続けた北斎。蔦重がもっと長生きしていたら、北斎にどんな油彩画を画かせたかと想像してしまうのは、筆者だけではないだろう。

未来仕掛人

戌《いぬ》

〝出版革命児〟の死に至る病

蔦重は、寛政の改革が強いた出版規制に違反した廉《かど》で「身上半減《しんしょうはんげん》」の重罰に処されて心身が衰弱し、当時は〝死に至る病〟だった「脚気」を発病。仕事も手につかず、臨終を迎えるも軽口を飛ばしたが、1797（寛政9）年5月6日に息をひきとった。享年48。

蔦重を死に至らしめた病

蔦重は脚気《かっけ》に悩まされていたが、当時は原因が特定されておらず、治療法も民間療法しかないような状態だったから、病は重くなる一方だった。脚気は、一種のぜいたく病で末梢神経に悪影響を及ぼし、足のしびれ、むくみ、食欲不振、全身の倦怠感といった症状などが現れ、重症化すると心不全を引き起こした。江戸時代になって白米を食べるようになったのが原因で、精米によってそれまで米ぬかに含まれていたビタミンB1が取り除かれたことで欠乏するようになった。地方で玄米を食べていた者が江戸へ出て来て白米を食べるようになって発症した者が多く、〝江戸患い〟といわれた。

現代の感覚では、脚気なんて大した病気ではないと思いがちだが、そうではなかった。19世紀末の日清戦争では、米飯だった陸軍の脚気患者約4万人のうち1割が死亡したが、麦飯に切り替えていた海軍は両年での患者数はわずか34人で、死者は3人だった。20世紀初めの日露戦争でも、陸軍の戦死者約4万7000人のうち3万人が脚気で死んだとされる一方、洋食に切り替えた海軍での罹患者は70人程度と少なかった。当時、陸軍軍医だった森鷗外は「細菌説」を唱えていた。

鳩の実験によってビタミンB1を世界で最初に発見したのは鈴木梅太郎（東京帝大教授）で、1910（明治43）年に未知の栄養素として「オリザニン」と命名し治療法が見つかったが、それ以前は多くの人々が脚気に悩まされ、〝国民病〟といわれるほどだった。鈴木は、手続き上の不備などがあったため、翌年、ポーランドの科学者が同じものを発見し「ビタミン」と命名したことで、こちらがポピュラーになった。

蔦重の墓碣銘

有名な人が死ぬと、墓石とは別に事跡を刻む文章を刻むことが多い。上部が四角いものを墓碑銘、丸いものを墓碣銘《ぼけつめい》といっている。碣は「いしぶみ」の意である。

蔦重の場合は、上が丸く、「喜多川柯理墓碣銘《きたがわかりぼけつめい》」と刻まれたが、関東大震災と太平洋戦争で崩壊・焼失し、のちに復元したものが菩提寺の浅草の正法寺にある。

碣銘を書いたのは、狂歌師のなかで和漢の書に通じた学者石川正望《まさもち》。江戸庶民には、黄表紙『桜草野辺錦絵《さくらそうのべのにしきえ》』（版元は鶴屋喜右衛門）などの著書もある狂名「宿屋飯盛《やどやのめしもり》」の方が馴染み深かった。蔦重より3つ上の兄貴分で、本名糠谷七兵衛。本業は小伝馬町三丁目の旅籠屋（宿屋）の主人だが、のちに廃業する。

正望が書いた蔦重の墓碣銘《ぼけつめい》は、大震災と太平洋戦争で焼失したが、のちに、蔦重が建てた母津与の碑と一体にして正法寺の境内に再建され、今も目にすることができる。

原文は漢文なので、以下に読み下し文を掲出し、雅望が後世に伝えたかった蔦重の人生とは何だったのかを探ってみよう。復元した墓碣銘に段落はなく、最後の「銘文」と「詩」までは続けて書かれているが、ここでは内容を考え、段落をつけたことをお断りしておく。

喜多川柯理《きたがわかり》。本姓《ほんせい》丸山。蔦屋重三郎と称す。父重助、母広瀬氏。寛延三年庚午《かのえうま》正月初七日、江戸吉原の里にて柯理生まる。幼くして喜多川氏の養うところと為《な》る。為人《ひととなり》士気英邁《えいまい》、細節《さいせつ》を修《おさ》めず、人に接するに信を以《もっ》てす。かつて倡門外《しょうもんのそと》に一書舗《いちしょほ》を闢《ひら》く。のち居《きょ》を油街《あぶらまち》に移す。すなわち、父母を迎えて養い奉《たてまつ》る。父母、相継《あいつ》いで没す。

柯理は、廓《くるわ》を恢《ひろ》め、産業を一《いつ》にして陶朱《とうしゅ》の殖《しょく》に倣《なら》う。その巧思妙算《こうしみょうさん》たり。他人の能《よ》く及ぶところに非《あら》ざるなり。遂に一大賈《いちだいこ》となる。

丙辰《ひのえたつ》の秋、重痼《じゅうこく》を得、弥月《びげつ》して危篤たり。寛政丁巳《ひのとみ》の夏五月初六日、人に謂《い》いて曰く、吾《われ》の亡《ほろ》ぶ期《とき》は午《うま》の時に在《あ》りと。よって、家事を処置し、妻女に決別す。而《しこう》して午の時に至るや、笑いてまた曰く、場上《ばあが》れるに未だ撃柝《げきたく》なし、何ぞ其《そ》の晩《おそ》きやと。言い畢《おわ》りて再び言わず。夕《ゆうべ》に至りて死す。歳四十八。山谷《さんや》の正法精舎に葬る。

余の居《きょ》、相隔《あいへだつ》ること十里。此《こ》の訃音《ふいん》を聞く。心怵神驚《しんじゅつしんきょう》にして、豈《あに》悲痛非《あら》ざらんや。吁《ああ》、余も、霄壌《しょうじょう》の間、一罪人なりし。餘命《よめい》ただ怙《たの》むは知己の恩遇のみ。今既に此の如し、嗚呼《ああ》命なる哉《かな》。

銘して曰く、
人間常行　載在稗史（人間の常行《じょうこう》載《の》せて稗史《はいし》に在り）
通邑大都　孰不知子（通邑《つうゆう》の大都《だいと》孰《いず》れか子《し》を知らざらん）

山東京伝も脚気で死んだ

江戸時代には脚気で死んだ人は多く、山東京伝もそうだった。蔦重が脚気でどのように苦しんでいたかの記録はないが、同じ病気を患った京伝が１８１６（文化13）年9月に56歳で急死したときの様子は、弟子だった馬琴が書き残した『伊波伝毛乃記』に詳しいので、それを記すことで脚気の恐ろしさを伝えたい。

その日、京伝は、弟京山から「書斎開きの祝宴」への招待を受けていたが、明春出版予定の草双紙の執筆の手がはなせずにいると、何度も使いが来るので、仕事を切り上げて弟京山宅へと向かった。京伝宅とは2町（約２１８メートル）しか離れていないので、数分で着いた。京山宅には狂歌仲間の鹿津部真顔《しかつべのまがお》（恋川春町の弟子の恋川好町《すきまち》）と北静廬《きたせいろ》も招かれていた。真顔の家は数寄屋河岸にあり、静廬の家は今の銀座八丁目あたりにあった。

静廬の生家は新橋の割烹「金春屋《こんぱるや》」だったが、屋根葺棟梁《やねふきとうりょう》を仕事とする北氏を継ぎ、博識で知られる国学者で「網破損針金《あぶりこのはそんはりがね》」という奇怪な別号を持つ狂歌師でもあった。

京伝は、いつものように酒食を楽しみながら、真顔や静廬と風雅な話に興じ、昔話をしていたが、真顔が脚痛があるといって先に帰った後、京伝も午前零時頃にはなると、静廬と一緒に京山邸を出た。

自宅と京山邸のちょうど中間あたりにさしかかると、京伝が「胸が痛い」といって動けなくなったので、静廬が下駄を脱がせ、抱えるようにして家まで送り届けた。

妻の百合が介抱し、報せを聞いて駆けつけた弟京山も手伝って薬を飲ませ、隣町の医者を呼んだ。「乾脚気《かんかっけ》だ。手の施しようがない」と冷やかにいう医師に「そんなことといわずに、何とかしてほしい」と懇願すると、膏薬《こうやく》2枚が貼られた。医者が帰り際に勧めた灸をすると、京伝は「厠《かわや》へ行きたくなった」といった。弟京山に支えられて厠から戻った京伝は、「快便だった」と妻に告げ、再び床についたが、急に呼吸が荒くなり、言葉を口にすることもできなくなって、午前2時頃にとうとう息をひきとった。京伝の遺骸は、翌9月8日午後2時頃、回向院の無縁寺に葬送された。蔦重ら百余名が棺を送った、

「法名　弁誉智海京伝居士」

同じ脚気が原因の死でも、蔦重は闘病死、京伝は急死という違いがあった。

ビタミンB1の欠乏で発症する脚気は、かくも恐ろしい病気で、真顔の脚痛というのも、もしかしたら脚気だったのかもしれない。江戸時代になって、それまで主に玄米を食べていたからビタミンB1は摂取できていたが、白米食が広がったことでビタミンB1が欠乏するようになり、脚気にかかる人が増えたのである。農水省のHPには次のようにある。

「脚気の症状は、全身の倦怠感、食欲不振、手足のしびれ、足のむくみ……など。脚気になると、末梢神経や中枢神経が冒され、足元がおぼつかなかったりするほか、重症化すると心不全を起こして死に至ることもあります。明治時代に大流行した脚気は、長い間原因が解明されず、大正時代には、結核と並ん2大国民病と言われるほどになりました」

蔦重の最期

蔦重は、1797(寛政9)年5月6日に身罷《みまか》ったが、最期の様子を知る唯一の手掛かりは、死後、蔦重の親友だった国学者の石川雅望《まさもち》が菩提寺に建てた墓碣銘《ぼけつめい》のみである。だが雅望は、蔦重が病の床に伏していたときには「江戸払い」となっており、臨終の場に居合わせることができなかった。

石川雅望の〝旧〟狂名は宿屋飯盛である。飯盛は、1791(寛政3)年6月に江戸南町奉行所から「公事宿《くじやど》の嫌疑」で呼び出されて取り調べを受け、「江戸払い」「家財没収」の刑を言い渡されて内藤新宿の成子《なるこ》村に移らされた。その処罰を機に狂歌の道からは足を洗い、宿屋飯盛という狂名も捨て、新たに石川雅望と名乗る国学者として再出発したのである。

そうした無念さがあって、江戸払いが解けると「喜多川柯理墓碣銘」を建て、「予《よ》の居《すまい》と相隔《あいへだ》たること十里（約40キロ）、此《こ》の訃音《ふいん》を聞き、心怵神驚《しんじゅつしんきょう》、豈《あに》悲痛ざらんや。吁《ああ》、予は」云々と自身の心境を述べ、蔦重の妻から聞いた1797（寛政9）年5月6日の臨終の模様を漢文の追悼文を記した。

原文は漢字だけで記されているので、読み下し文にすると以下のようになる。

丙辰《ひのえたつ》の秋、重痼《じゅうこく》を得て弥生危篤たり。寛政丁巳《ひのとみ》夏、五月初六日、人に謂ひて曰く、「吾《わ》が亡《ほろ》びの期《とき》は午《うま》の時に在《あ》り」と。因って、家事を処置し妻女に決別す。而《しこう》して午の時に至り、笑ってまた曰く、「場上《ばあが》れるも、未《いま》だ撃柝《げきたく》せず、何ぞ其《そ》の晩《おそ》きや」と。言い畢《おわ》りて再び言わず。夕に至りて死す。歳四十八。山谷正法《さんやしょうほう》精舎《しょうじゃ》に葬る。

48歳という若さで迎えた臨終だったが、それでも自身の人生の幕引きを陽気に芝居になぞらえたところは、いかにも蔦重らしかった。現代語訳すると、こんな内容になる。

蔦屋重三郎は、1796（寛政8）年の秋に重病を患って闘病してきたが、翌1797（寛政9）年の5月6日、妻らに「私が死ぬのは午《うま》の刻（11～12時）だろう」といって、妻たちに永訣の言葉を告げた。やがて午の刻が来ても生きていたので、蔦重は笑って、またしても冗談っぽい言葉を口にした。

「芝居の場面は終わったのに、まだ終わりを告げる拍子木の鳴る音がしない。どうして遅れているのか」

だが今度は、その言葉を口にした後、再び口を開くことはなかった。夕方になって死去したのである。享年48。山谷の正法寺に葬られた。

蔦重の闘病記や葬儀などに触れた記録は、現在、これ以外にない。その種の書きものが仮に過去にあったとしても、関東大震災や太平洋戦争時の東京大空襲によって炎上して失われている。

蔦重の姿を活写した絵

蔦重の狂号「蔦唐丸」が登場する最初の文献は、江戸狂歌が流行した1783（天明3）年刊の四方赤良の家集『巴人集《はじんしゅう》』である。別号の「大田南畝」に匹敵するくらい知

蔦屋重三郎一家の恵比須講の様子が描かれているとされる(狂歌絵本『絵本吾妻抉』国立国会図書館)

名度が高かった四方赤良とか四方山人という狂名の「四方」は、「よもやま話」の四方で、家集につけた「巴人」の巴は家紋「扇に三つ巴《どもえ》」から取っており、「巴人亭」の別号もある。

　蔦重の姿を画いた挿絵は、前記の挿絵以外にも何点か残されているが、ほとんどは仕事をしている姿で、蔦重の店「耕書堂」が描かれた挿絵も何点かある。吉原大門口にあった最初の店は、五十間道を往来する人々を画いた『廓《さとの》簒《ばかむら》費《むだ》字《じ》尽《づくし》』の挿絵に見える。

　京伝が自作自画して出世作となった『御《ご》存商売物《んじのしょうばいもの》』(1782〈天明2〉年刊)では、さまざまな書物が擬人化され、蔦重は『吉原細見』として登場し、「青本」と向かい合っている挿絵がある。

一方、妻子と一緒の蔦重の挿絵はきわめて珍しく、1786（天明6）年正月刊の『絵本吾妻抉《あづまからげ》』（半紙本3冊）に1枚だけある。どんな絵かというと、広い座敷に「六十貫目《かんめ》入《いり》」と書かれた大きな金箱を雛壇状に積み上げ、その上に毛氈を敷き、最上段には富士山の屏風絵を背にして〝商売繁盛の神様〟恵比須の木像が祭られ、豪華な供物がその前に並んでいる。

蔦重は背中に「富士山形に蔦の葉」の家紋風の模様が入った紋付姿で、木像に向かって深々とお辞儀をしている。その右脇では妻が両手を合わせて、木像を拝んでいる。彼女の背後には幼少の男児が打ち出の小槌を手にした姿が描かれている。

その子は耕書堂の跡継ぎになるはずだったが、1797（寛政9）年6月に蔦重が病死するときには存命しておらず、番頭の勇助が2代目蔦重を継承するが、やがて通油町からは消えていった。

「蔦重生誕200年」と「弥次喜多映画」の関係

「世間の評判で一九が三馬に勝っているのは、『東海道中膝栗毛』があるからだ」（『近世物之本江戸作者部類』）と曲亭馬琴がいった同書と三馬の『浮世風呂』を番外として記そう。

なぜ番外扱いかといえば、両書は蔦重没後に世に出たからである。『東海道中膝栗毛』が「弥次喜多道中記」として知られるようになるのは昭和以降だ。

一九を育てた蔦重の生誕200年は1950（昭和25）年だったが、奇しくもというべきか、『東海道中膝栗毛』が「弥次喜多道中記」と改題されて続々と映画化されたのは1950年代に入ってから。大映「新やじきた道中」（1952年）、日活「弥次喜多道中記」（1956年）、大映「弥次喜多道中」（1956年）、松竹「歌う弥次喜多黄金道中」（1957年）、東宝「弥次喜多道中記」「（続編）弥次喜多道中双六」（1958年）、東映「殿さま弥次㐂多怪談道中」（1958年）、新東宝「東海道弥次喜多珍道中」（1959年）。

児童書も出版され、筆者も読んだが、「五右衛門風呂の入り方がわからず、便所の下駄を履いて入って底を踏み抜き、大騒ぎになる場面」や「お化け騒動の場面」はよく知られている。一九は、五右衛門風呂の説明をこんなタッチで書いている。原文の引用だ。

「この旅籠屋の亭主は上方者と見えて、据風呂は上方にはやる五右衛門風呂である。土でかまどを作り、その上へ鍋のやうなものをかけ、それへ風呂桶をおいて漆喰で固めた風呂であって、これは湯が早くわくので便利がり、大津あたりから西はみなこの風呂である。底は鐵《てつ》であるから熱いので、底板を下に沈めて、その上に乗るのである。底板は常は湯に浮かせておいて蓋の代りにし、早く湯を沸かせる」

底を踏み抜く場面は、こんな風である。

「北八は湯がだん〳〵わいて来て、下駄をはいても熱気が強くあたるので、立つたり坐つたり色々にし、下駄であまりにあばれ廻るので、遂に釜の底を踏み抜いた。湯は流れてシユウ〳〵《シユウシユウ》北八『やアい、助け船、助け船』とわめく」

駆けつけた宿の亭主は、ぼう然として、こういうのである。

「ヒヤア、お前は、途方もないお人だ。据《す》え風呂に入るに、下駄をはいて入るといふ事がございますか。埒《らち》もないこんだ」

難しい表現がないところも読者に歓迎され、1802（享和2）年に初篇が刊行されると、たちまち版を重ね、以後、毎年1冊のペースで書き、1809（文化6）年の8篇までに計18冊も刊行されて、爆発的人気を誇る戯作者となったが、『東海道中膝栗毛』はそれで終わりではなく、読者の熱い要望の声に応えて、その翌年には早くも『続膝栗毛』が登場、こちらは12編25冊が次々と刊行され、1814（文化11）年までのわずか5年間の間に書きも書いたり、合計43冊に達する大ベストセラーとなり、版元は大いに潤ったのである。

だが、その版元は耕書堂ではなかった。一九は最初、恩を受けた耕書堂に原稿を持ち込んだが、蔦重はその3年前に没しており、番頭あがりの2代目蔦重に断られていたのだ。それで仕方なく、村田屋次郎兵衛《じろべえ》の「栄邑堂《えいゆうどう》」へ持ち込んだが、そちらも大歓迎というわけではなく、1編か2編で終わりにするつもりで引き受け、挿絵の下書、板木に使う原稿の清書などの仕事まで押しつけられる有様だったが、売り出してみると、予想に反して大当たりしたのである。蔦重が生きていたら、新感覚の原稿を一読した段階で大ヒットを確証し、自信をもって売り出したに違いなく、身上半減の窮地から不死鳥のように再起できただろう。だが、運命の女神は蔦重の上に微笑まなかったのだ。

一方、三馬の『浮世風呂』『浮世床』は日本史や古典の授業で習うので、書名だけは知っている人も多いのではないか。筆者の場合、大学生の頃、たまたま下宿先の本棚にあった『浮世風呂』を興味に駆られて手に取ったものの、古文について行けず、すぐにやめたが、「湯舟が混んでいて、湯から上がろうとした男が、別の男の頭を跨ぐ場面」で将棋の手に喩えた下品な会話を交わす個所だけはよくわかり、面白かったので、折に触れて思い返すようになった。こんな会話だ。

「ソリヤ出ます〳〵。ハイ跨ぎます、おゆるしなさい」

「大きな睾丸《きんたま》だぜへ。天窓《あたま》と鉢合《はちあはせ》をして、睾丸が宙《ちう》を飛行《とんでつ》たァ。とんだ人魂だ」
「吉《きち》ヤ、頭から睾《きん》と打たれちやァ合馬《あいま》なるめへ。尻から銀で褌《ふんどし》をかけやナ」
「うさアねへ。飛車《ひしゃ》とつぶれて角《かく》の通《とほ》りだ。おきやァがれ。ヲイ出やす。田舎者《ゐなかもの》〱《ゐなかもの》」

銀が斜め後ろ（左右）に動けることを利用して、敵の2つの駒のどちらかが取れるように仕掛ける手を「褌《ふんどし》を掛ける」というが、そのような専門用語を知っていないと会話の面白みが生きてこない。上記のやりとりは『浮世風呂』巻之上の「男湯の巻」に出てくるが、将棋の攻防に引っかけて下品な駄洒落を飛ばしているのが滑稽なのである。

〝天才棋士〟藤井聡太のことはよく知っていても、将棋には詳しくない諸兄には、もう少し説明が必要だろう。前記のセリフにある「頭から睾《きん》と打たれちやァ合馬《あいま》なるめへ」の「睾」は「将棋の駒の金（金将）」と「股間の金（金玉）」を掛けている。

また、「合間」は「合駒《あいごま》」「間馬《あいま》」とも呼び、対戦相手が「飛車、角行、香車《きょうしゃ》で王手をしてくるのを防ぐ手として利《き》き筋《すじ》（駒が動ける範囲）の途中に駒を打つことで、「間遮《あいしゃ》」ともいう。

笑われるかもしれないが、上記の会話を学生時代に読んでいたこと、弥次喜多映画はほぼ観ていることの2点が本書執筆の強い動機となったことを付記しておきたい。

亥《い》

「跋《バツ》」に名を借りた〝逃げ口上〟

はてさて、皆々様方、「始めよければ終わりよし」「終わりよければすべてよし」などと申しますが、以上をもちまして、〝江戸の仕掛人〟蔦重こと蔦屋重三郎の〝べらぼうな夢と野望〟のお話は、おしまいでございます。

本書の冒頭に蔦重にあやかった「まじめなる口上」なるものを設けました関係で、最後の〆《しめ》は上記のような見出しとさせていただいたのでありますが、「あとがき」を意味する「跋」を戯作風にいいますと「×」や「罰」に通じ、それが本書や筆者への手厳しい評価ではないかとの自虐的で「バツ」の悪い思いも、ふと胸をよぎるのであります。

それはさておき、皆々様よくご存じの「織田が搗《つ》き羽柴《はしば》が捏《こ》ねし天下餅　坐して食らうは徳川」といわれた神君家康が開いた江戸の町。その郊外の葭《よし》が繁る原っぱに忽然と出現した公設の不夜城〝花の吉原〟。何の因果か、そこで生を享《う》け、大きく育って、羽ばたいた快男児の〝べらぼうな夢と野望〟の数々。いかがだったでございましょうか。

江戸っ子気質の「粋」で「いなせ」で「通」を地で行く蔦重が、生涯かけて経営し、繁昌した書肆「耕書堂」でありましたが、彼の死から二百数十年を経た今日では、吉原遊郭へと続く五十間道の蕎麦屋の向かいにあったという旧店舗や大型書肆が軒を競う日本橋通油町に進出してからの新店舗は、当然のことながら影も形もございません。

けれど、その面影は、蔦重自身あるいは彼と同じ時代の空気を吸った地本《じほん》問屋仲間が手がけた書物に何点も描かれ、今も想像をたくましくすることができるのであります。

お名残り惜しゅうはございますが、これにてお開きでございます。吉原の花魁あたりなら、廓言葉で「おさらばでありんす。お達者でいて、くんなまし。いついつまでも」とか何とかいって涙のひとつもこぼしてみせるところでありましょうか。

長《なが》のお付き合いを賜わり、こころより感謝申し上げます。

令和の似非《えせ》仕掛人　城島明彦

主要参考文献（順不同）

※学術論文を含む

『江戸の戯作絵本（一）～（四）』（社会思想社現代教養文庫）／『近世物之本江戸作者部類』（曲亭馬琴／岩波文庫）／『山東京伝一代記』（「続燕石十種　第2巻」／中央公論社）／『江戸の本屋さん　近世文化史の側面』（今田洋三／平凡社ライブラリー）／『天明狂歌研究』（小林ふみ子／汲古書院）／『蔦屋重三郎』（松本寛／講談社学術文庫）／『蔦屋重三郎』（鈴木俊幸／若草書房）／『蔦屋重三郎の仕事』（平凡社「別冊太陽」）／『蔦屋重三郎出板書目年表稿（上）（下）』（鈴木俊幸）／『江戸古地図散歩　回想の下町』（池波正太郎／平凡社カラー新書）／『写楽　まぼろしの天才』（榎本雄斎／新人物往来社）／『遊郭と日本人』（田中優子／講談社現代新書）／『浮世絵類考』（原本編纂大田南畝／補訂正山東京伝、増補式亭三馬、再編斎藤月岑ほか）／『江戸の出版統制』（佐藤至子／吉川弘文館）／『江戸戯作』（神保五彌／新潮古典文学アルバム24）／『黄表紙洒落本集』（岩波書店　日本古典文学大系）／『黄表紙百種』（幸堂得知／博文館　続帝国文庫）／『近代日本文学大系　第12巻「黄表紙集」』（国民図書）／『徳川文芸類聚　第12』（国書刊行会）／『滑稽本集』（日本名著全集刊行会）／『戯作研究』（中野三敏／中央公論社）／『米饅頭仕懸文庫　昔話稲妻表紙』（岩波書店　新日本古典文学大系）／『喜三二の素材と方法』（井上隆明／雑誌「秋田経済大学・秋田経済短期大学叢書」）／『山東京伝の研究』（小池藤五郎

／岩波書店）／『京伝と馬琴』（中村幸彦／講座日本文学　第8）／『洒落本大系　第5巻』（林平書店編／林平書店）／『古典日本文学全集　第33（永井荷風「狂歌を論ず」）』（筑摩書房）／『江戸名物評判記集成』（中野三敏／岩波書店）／『「忠臣水滸伝　後編」』（国民図書　近代日本文学大系）／『藤岡作太郎博士著作集　第4冊「近代小説史」』（岩波書店）／『江戸豊後浄瑠璃史』（岩沙慎一／くろしお出版）／『増補本年表』（『新群書類従』7「書目」）／『江戸期おんな考（9）』（雑誌／桂文庫）／『赤蝦夷風説考　北海道開拓秘史』（工藤平助原著〈他〉／教育社新書）／『艶本研究　歌麿』『艶本研究　歌麿　続』（林美一／有光書房）／『江戸狂歌壇史の研究』（石川了／汲古書院）／『原色版美術ライブラリー　第116』（みすず書房）／『うきよ絵（「随筆選集」）』（高橋誠一郎／勁草書房）／『歌麿全集』（吉田映編／高見沢木版社）／『世界名画全集別巻　歌麿の美人画』（平凡社）／『江戸戯作文芸の研究』（棚橋正博）／『窪俊満の研究（一）』（田中達也／雑誌「浮世絵芸術」107）／『黄表紙雑考―安永年中の画工・作者および版元について―』（浜田義一郎／「東洋大学紀要」14）／『江戸の文化人の横顔1　蜀山人』（浜田義一郎／雑誌「ひびや」）／『唐来参和年譜稿　―付二世参和作品―』（鈴木俊幸／「中央大学国文」30）／『紙草紙考』（長友千代治／「中京大学図書館学紀要」14）など

著者略歴

城島明彦（じょうじま・あきひこ）

昭和21年三重県生まれ。早稲田大学政経学部卒業。東宝を経て、ソニー勤務時に「けさらんぱさらん」でオール讀物新人賞を受賞し、作家となる。『ソニー燃ゆ』『ソニーを踏み台にした男たち』などのノンフィクションから、『恐怖がたり42夜』『横濱幻想奇譚』などの小説、歴史上の人物検証『裏・義経本』や『現代語で読む野菊の墓』『「世界の大富豪」成功の法則』『広報がダメだから社長が謝罪会見をする！』など著書多数。「いつか読んでみたかった日本の名著」の現代語訳に『五輪書』(宮本武蔵・著)、『吉田松陰「留魂録」』、『養生訓』(貝原益軒・著)、『石田梅岩「都鄙問答」』、『葉隠』(いずれも致知出版社)、古典の現代語抄訳に『超約版 方丈記』(小社刊)がある。

【図版提供】
国立国会図書館、東京国立博物館 ColBase

江戸の仕掛人 蔦屋重三郎

2024年11月20日　初版第1刷発行

著　者　城島明彦
発行者　江尻 良
発行所　株式会社ウェッジ
〒101-0052 東京都千代田区神田小川町1丁目3番地1
NBF小川町ビルディング3階
電話 03-5280-0528　FAX 03-5217-2661
https://www.wedge.co.jp/　振替00160-2-410636
装　幀　佐々木博則
組　版　辻 聡
印刷・製本　株式会社シナノ

ISBN978-4-86310-288-0 C0021